AQUARIUS

AQUARIUS

AQUARIUS

AQUARIUS

Vision

一些人物，
一些視野，
一些觀點，
與一個全新的遠景！

走過愛的蠻荒

撕掉羞恥印記，
與溫柔同行的偏鄉教師

文國士

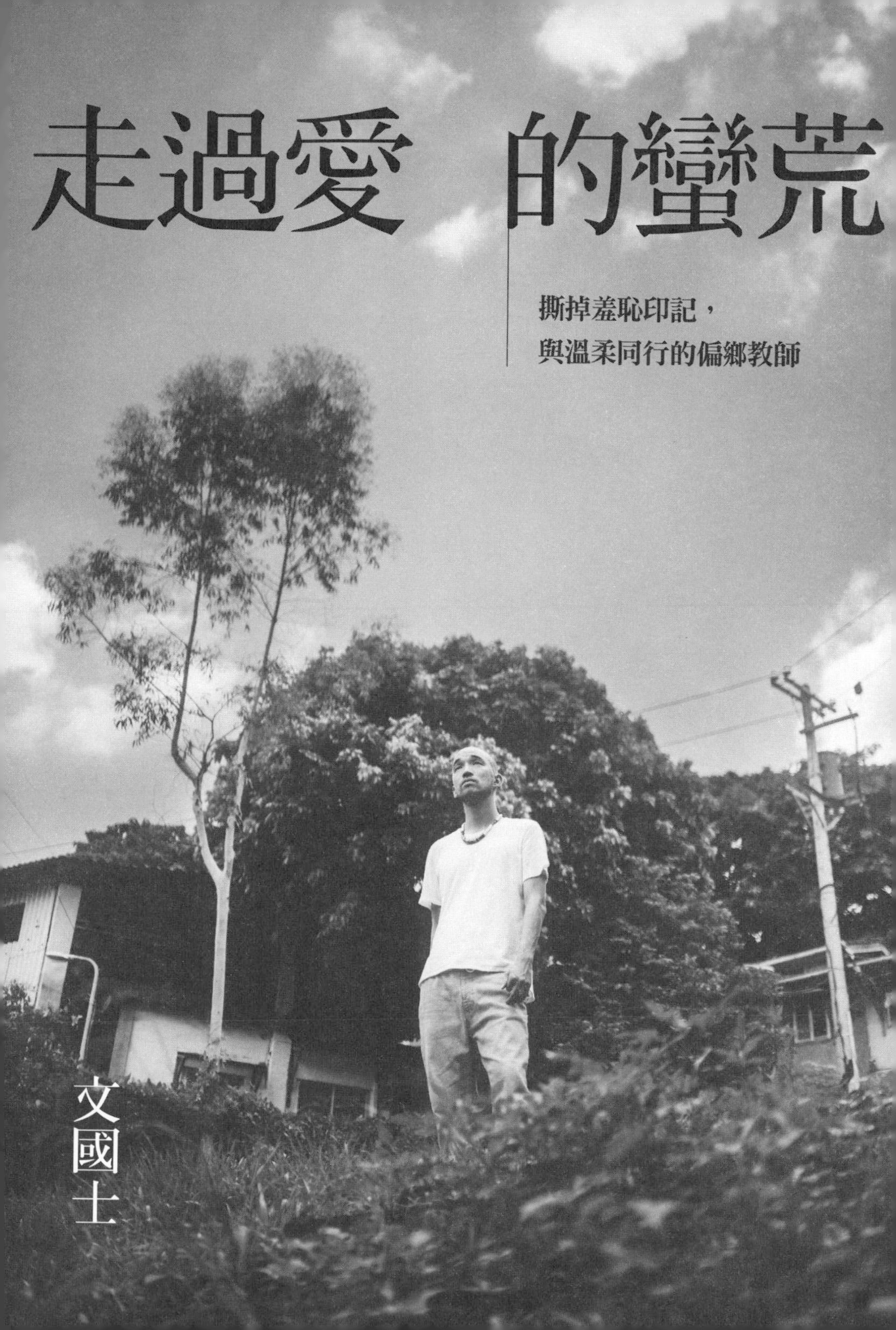

動容強推

（依姓名筆劃序排列）

王政忠（「我有一個夢」全台教師自主工作坊發起人）
王浩威（精神科醫師／作家）
李牧宜（作家）
李崇建（作家）
許伯崧（udn鳴人堂主編）
郭彥麟（精神科醫師／作家）
陳安儀（資深媒體人／親職教育專欄作家）
黃致豪（執業律師／司法心理學研究者）
鄧惠文（榮格心理分析師／精神科醫師）
盧建彰（導演）
賴芳玉（律師）
謝依婷（成大醫院兒少精神科主治醫師）
蘇文鈺（國立成功大學資訊系教授／中華民國愛自造者學習協會理事長）
蘇明進（國小教師）

【推薦序】

面對站在懸崖邊緣的人，你能夠做什麼？

李茂生（國立台灣大學法律學院教授）

其實我與文國士並不熟，除了知道他曾經念過犯罪學研究所，聽過我幾場演講外，只有一、兩次的網路交往——大約三、四年前吧，突然有位網友寫信過來，說他在屏東偏鄉擔任教職，為了能讓小朋友學習英文，需要一些電子辭典，希望我能夠上網公開募集的訊息。我覺得很有意義，於是就幫了個小忙。然後兩年前因為精神疾病患者的犯罪事件，我與國國又有了一次交集，這次的交集，正是這篇推薦文的真正源頭——

國國給我了一篇名為〈我會發病嗎？〉的文稿，內容講述了自己的生平。雙親都是心因性的思覺失調症患者，而他本人有高度的發病率，但是其實如果社會能夠對這類的精神病患多點關懷，那麼或許這些人就可以較為順暢地度過人生，而不是整日只能吃一大堆藥，最後不是毀了自己，就是毀了別人的人生。而他自己則是心懷恐懼，努力地往前走。

這篇〈我會發病嗎？〉的文稿出奇地文字通暢，字字觸動我的情緒。文中的一段話說著：

「你會發病嗎？」

當我們這樣質疑的時候，我們以為這一切只跟基因有關，認為瘋癲和正常之間有一條涇渭分明的界線，而我們是站在線的這頭以關心之名，實際帶著各種推敲與臆測，在剎那的唏噓和嘆息後，回到所謂正常人的生活裡。

「我會發病嗎？」

嚴格來講，答案無論對我，或者對你，都是「我不確定」。

這個問題絕對不專屬於我，它曾經屬於那些已經發病的病友們，也屬於每一個在這個當下所謂的正常人。

這段話，以自己的親身經歷表達了正常與異常間模糊的分界，但在實際的生活中，卻被大多數的人劃出了一道明顯的界線。國國隱約地描繪出現今的「知識」是如何地在活生生的人之間，劃出區隔，以及人們是如何地基於安全與恐懼的本性，做出區隔。國國不是傅柯，也不是阿甘班（Giorgio Agamben，義大利思想家），但卻正確地表達了當代偉大學者的所述。

本文在網路上公布後，立即有出版社傳訊息過來，想替這位網友出書。我與國國聯絡了，不料他回應說他已經答應別家出版社，所以只好向隅。

數天前，國國寄來完稿，我一口氣讀完，感受依然深刻。在與〈我會發病嗎？〉的文稿相通之處，國國寫著：

在正常和瘋癲、「我們」與「他們」的分界上，其實總可以找到彼此的疊影。我們可能也會排斥異己、拒絕包容，他們則也能接納多元、理解差異，我們也會思路混沌，表現得冷漠無情，而他們也有思緒清晰、情感豐沛的時候。

若撇開二分法，誠實地去諦聽這些生命，也許將進一步地發現原來都只是自己故事的另一個版本。

我們與他們，從來就沒有那麼不同。

以上的這段話，是他的親身體驗，娓娓道來，但同時又是如此深刻。不過，真正吸引我的不是以上對於正常與異常間區隔的觀察，而是一位被社會以及自己逼到這個區隔的邊緣，充滿了不安與焦躁的個人，是如何擺脫這個桎梏而開創自己的未來，甚至將自己的人生經驗運用到與其相關的人際關係上的故事。其實，本書的後半段已經超越了一個精神病患之子是如何擺脫桎梏，尋獲生存意義的框架，而是更進一步擴及到「面對一位站在懸崖邊緣的人，你能夠做什麼」的境界。

於本書的後半段，國國首先談到被社會、被語言所形構出來的「愛」，其實是個沉重的負擔，過度地重視或囿陷於內，是會令人窒息的。事實上，實際體驗中的「恨」，有時可以協助個人擺脫這個桎梏，不過始終都只有「恨」的話，也無法獲得最終的解脫或昇華。所以，最後作為救贖的「放下」，與成就人生的「真愛」，才是我們賴以生存，賴以活得有意義的關鍵。

「放下」可以讓我們不受限於過去，而「真愛」則是「放下」後或許可以得到的協助，藉此人們可擴展未來。這個「真愛」的內涵或許僅是真摯的親情或愛情，或許是個物質上的協助，但更重要的，「真愛」就僅是個羈絆，一個值得信賴的依靠而已。在一段信賴關係中，單純的一個擁抱，單純的一個輕聲安慰，對站在懸崖邊的人而言，都有可能是個重要的轉折。不需過度介入他人的人生，也不需過度地設身處地發揮同理心，一個輕輕的擁抱或安慰，都有可能會激發他人的生存欲望，促成其深深的內省。

國國於本書的最後，談到他在台北當補習班課輔老師，以及其後離開補習班去當「為台灣而教」TFT的老師時的一些故事，在這些故事裡面，他描述了自己以愛與羈絆替「小人類」們挪開擋路石頭的經驗。他說：「教育最美的風景，不是望子成龍的期待得以兌現，而是陪伴一個生命的蛻變。」

或許聽起來有點矯情，但我被這句話打動了。我教的是菁英中的菁英，大部分都成就非凡，所以師生間的關係難有以上的羈絆。安慰與擁抱？算了，能夠不互相嘲諷就算是不錯了。不過，也不是沒有例外。

多年前，我還是副教授的時候，一年級的「刑法總則」班上有位女同學，很少來上課，只要出現在課堂上就是全副武裝，口罩、頭套、包覆全身的厚重衣物。我詢問之下才發現，這位同學得到遺傳性的慢性關節炎，無法長期待在課堂上，都是同學將上課的內容錄音下來帶到醫院去給她聽，同時也提供上課筆記給她複習。有次，我聯絡上在病院的她，約在我的研究室見個一面。在炎熱的夏天，她仍然全副武裝地待在研究室外頭的會客室等我。大約一個小時的會談，我知道了她是因為想替媽媽出口氣，才來台大念書的。祖父一直都在抱怨她的媽媽把遺傳性疾病帶到夫家，為了替自己與媽媽爭口氣，她想念台大法律系，好似這樣就能證明她們的存在價值。我知道台大法律的沉重課業不是她的身體可以撐得住的，但並沒有點明，也沒有讚揚她的薛西佛斯精神，而僅是輕聲道個加油，然後在期末考的時候，要求我的教學助理到台大醫院的病房用口試的方式進行考試。那個學期，她得到了全班最高分。

之後，在她第二學年時，我仍舊利用人際關係，要求其他的老師給予同樣的協助。然後就沒消息了。我大概知道結果，雖然覺得遺憾，但沒有感到後悔。我透過這個經驗，在《少年事件處理法》的理論中創造了同心圓的架構，也再度地肯認了健全成長發達的精神。真正活得有價值、活得璀璨的人，不是我，而是她。

●

讀這本書的同時，我感受到我與文國士這個人的交集，一個不是物理性而是精神上的交集。恭喜文國士寫出自己的生活經驗，也恭喜他的再生，更恭喜所有與他有關係並獲得滋養的小人類。

【推薦序】

用生命影響生命

劉安婷（TFT「為台灣而教」基金會創辦人）

第一次認識國國，是透過他二〇一五年報名TFT（Teach for Taiwan）計畫的申請書。在裡頭，就如同他的這本書，他幾乎毫不隱藏地，甚至是赤裸地講述自己的故事。我記得，評審們看完後既感動得熱淚盈眶，心中又有點難以描述的不安感：「『這樣的人』真的適合當老師嗎？」

等到最後一關面試，我們親眼看見他面對教室中「最不乖」的學生，是如何在短時間內溫柔又有效地引起他們的學習動機與成效。甚至，當他試教結束，評審中兩位在偏鄉學校耕耘多年的知名校長讚賞到起立鼓掌。後來，兩位校長都罕見地「奪命連環叩」，拜託我指派他去他們的學校。電話中，一位校長有些不好意思地說：

「真覺得慚愧，當初看到履歷時只因為他的『特殊』經歷，心中就多了標籤，讓我差點錯失這個真的可以幫助到我們的孩子的人。我面試過這麼多老師，真的很少碰到像他一樣，真正懂『這樣的孩子』的人。」

其實，我覺得幸運的是國國，也碰到了真正懂他的校長，如同他懂孩子們。即使在剛開始他種種因仍不夠有安全感或適應所產生的衝突中，校長對待他的溫柔，讓他即使一個人在海拔九百公尺的學校中，得以漸漸全心投入，用同樣的溫柔對待眼前的孩子。

在他任教近一年後，有一天，校長寫了一篇文章：

親愛的國國：

早安！那天，你開始嘗試了「全英語教學」，我跑去記錄下這歷史性的鏡頭後便離開……我想告訴你：我比不上你。這是我的肺腑之言。當年的我比不上現在的你，現在的我比不上未來的你，確實是如此。去年，我在TFT的甄選中見識到你們的「好」，而我的任務是幫孩子找到對的人，然後將你們帶來孩子的身邊。這半年，你沒讓我漏氣，你確確實實地在用生命去影響孩子的生命。我看見孩子們深深地愛上你，連同他們的家人也都不例外。我在你背後安靜地欣賞這一切，這是我所能想到、所能見到最美的姿態——愛一旦發生，一切終將變得簡單。我看見你的六個寶貝，有五位拚了命考出一百分；我看見其中一個寶貝蛋，一大早來宿舍敲門，吵著寫功課……這都是因為你啊！你走入每個孩子的家庭，你的陪伴讓孩子找到願意努力的理由……我為你們感到驕傲，為這裡的孩子們感到幸福！

國國結束TFT計畫後的某一天，寄給我一張照片，竟是他把TFT的吉祥物（黑熊）刻在自己的背上。我噗哧地笑出來，多麼國國的作風。我很感謝，這一路上能有像國國這樣的夥伴們，他們的故事極為不同，但都在TFT找到歸屬，不只影響了孩子的生命，也影響了我的生命。

講了這些，我想確保我的意思沒有被誤解——他仍然是非常不完美的凡人，有眾多我恨不得他改一改的缺點，我想他也不希望這本書反而過度美化了他。但我仍對他充滿破碎的故事滿是期盼。

期盼他的故事，幫助我們更認識受過童年創傷的孩子們「心中的怪獸」，進而有方法幫助他們面對。

期盼他的故事，幫助我們都練習放下預設，跳脫「善與惡」、「對與錯」的二分法。不管是「哪樣的孩子」，當我們願意看見他的「不同」而非「不足」時，他就有機會與眾不同。

期盼他的故事，讓我們看見一些希望。在錯綜複雜的教育與社會問題之中，解方其實很困難，也很簡單——無條件的愛，溫柔而堅定地陪伴。即使在懸崖邊的孩子，也能因此找到自己生命的力量與光。

目錄

【推薦序】面對站在懸崖邊緣的人，你能夠做什麼？◎李茂生 010
【推薦序】用生命影響生命 ◎劉安婷 016
【前言】我希望不會 022

PART 1 羞恥童年

必要的距離 030
「叫我媽。」 038
・【第一次和媽媽單獨見面】中華豆腐加大冰美 046
・【第一次跟爸爸坦誠對話】心靈受創的兩個孩子 052
放下「不談」的羞恥 062
・【我的恐懼】我會發病嗎？ 072
禁忌與遺傳 081
是遺傳的宿命？還是失溫的吶喊？ 087
・【爸爸的被害妄想症】斷裂的永恆 095

走過愛的
蠻荒

PART 2 愛恨重擊的青春

善的養分 104
關於鬆手 111
・【她發病的原因】哪裡尋找你的來時路 117
・【他發病的原因】時勢造什麼雄 121
每個孩子都需要的電話 128
放下標準答案 136
恨也是答案 148
・【唯一一封，寫給媽媽的信】生我的人 156
我是那個有機會放下的人 161
・【我們與他們的距離】沒有那麼不同 168
奶奶走了 175
・【搭上失智的遺忘列車】老小老小，愈老愈小 183
當製作人爺爺回到家裡 190

PART 3 「溫柔」的身教

搬石頭的人 198
我要為台灣而教 205
無條件的愛 214
內疚的眼淚 221
道歉，是需要練習的 228
vuvu的藍色小貨車 238
先休息一下 246
Pink提醒我的 258

【後記】但願成為孩子的幸運 266

【前言】
我希望不會

跟三十年來從未謀面的阿姨、舅舅見面是什麼感覺？

曾經，我對他們有很多的不解，以及深深的怨恨。

我不解當年舉家移民時，為什麼獨獨留下我媽？我恨他們的棄之不顧，把照顧我媽的責任全部丟給我爸爸這邊的親人。而那天真見上一面的時候，感覺像是打完麻醉後在拔智齒，明明拉扯得很厲害，卻一點疼痛的感覺都沒有。

到了現在，其實已經不是痛的感覺了……

相較於過往二十幾年去玉里榮民醫院探視爸媽的經驗，二〇一六年十月底的這一次相當不同。這是我第一次接受平面媒體的採訪，在事前經過父母的同意後，我帶著記者、同時是我摯友的岳明上路。而在玉里等著我們的，除了爸媽之外，還有我媽媽的妹妹和弟弟。他們三姊弟上次見面，少說也是三十幾年前的事，而我和阿姨、舅舅則是第一次碰面。

依約在醫院警衛室門口碰上阿姨、姨丈和舅舅的時候，累積幾天下來那種興奮和焦慮夾雜的感覺瞬間湧現，我完全掩飾不了自己的尷尬，只能故作殷勤地和他們打招呼。好在緊接而來的例行性程序替我解圍，我再陪著他們分別到爸、媽的病房，接他們出來。說是「陪著」，但回想起來比較像是我自己一股腦地衝在最前面。

在護理站填寫資料的時候，我媽的身影出現在病房長長的盡頭處。遠遠地她人還沒到聲音已經先到，看著妹妹，她振臂歡呼。二十多年來頭一次，當我出現在護理站時，她的目光沒有鎖在我身上。我像是看舞台劇的觀眾，在暗處裡看著兩道光束打在她們姊妹倆的身上。

「哇！好久不見！」我媽興奮地喊著，笑到看不見眼睛了，主動伸出雙臂要抱妹妹，更讓人感受她的喜悅之情。因為，真的是好久不見。好久、好久不見。

她們的好久不見，是我的從未見過。

我從未見過久別重逢的雀躍，從未見過我媽那麼淘氣地眉開眼笑。一直以來，我都知道她的兄弟姊妹在美國生活，但到此刻我才感受到，原來我媽是個姊姊——表現得像小妹妹般的姊姊。

接到爸爸之後，我發現他也「變心」了。

他和媽媽雖然住在同家醫院，但平常是見不到面的，只有在家屬會客時，才能久久相聚一次。通常的情況下，他只要遇到我媽，總是黏得緊緊的；可今天，他的專注力完全放在姨丈身上，他是一位幽默的美國白人。

爸爸的模樣像極了第一次遇見外國人的小學生，好奇心驅使他緊抓著姨丈不放。近四個小時裡，他話匣子大開，沒完沒了地和姨丈聊天。那個專注、那個忘我，搞到連我媽都看不下去，問他：「小寶（我媽對他的暱稱），你今天怎麼都不跟我說話？」

而讓我在一絲感慨裡備感驚奇的是，爸爸居然全程用英語和姨丈溝通。雖不免停下來尋找要用的詞彙，或是花上幾秒消化姨丈說的話，但整體來說，他表現得好流利。

知道爸爸在年輕時是頂級學霸，英語又是他最拿手的科目，但想到他這幾十年來幾乎沒有使用英語的機會，加上那些他接受過無數次的「治療」，以及吞下數以十萬計的精神藥物……爸爸流暢的表現讓我暗自想著：要是他沒生這場病就好了。

在會客室裡，爸爸和姨丈彷彿自創一個聊天群組。另一個群組則以我媽和阿姨為中心，阿姨送給了她一頂小毛帽，並且幫她戴上——阿姨蹲在她的輪椅旁，溫柔地把小毛帽套在她的頭上，並調整了一下帽子的位置。她把手疊在阿姨的手背上，笑得好滿足，還沒照過鏡子就頻頻說：「好看、好看，我很喜歡！」

同一個畫面裡是她們交疊的手、我媽截肢的腿和阿姨曼妙多姿的體態。有那麼幾秒的時間，我又掉進無可救藥的感慨裡。

明明是親姊妹，怎麼看上去會差這麼多？一個風燭殘年，在玉里榮民醫院裡待了二十多年；一個神采飛揚，在另個國度過著我一無所知的人生……

「回到當下吧。」我在心裡提醒自己。對比的惆悵、不可逆轉的過去，我都怨過、恨過了，也早就都怨恨夠了。我想讓自己回到這得來不易的輕鬆，在三十年分離之後才換來的片刻。

但我做不到。

始終在一旁，木訥寡言的舅舅，我想穿透他靜默的外表，碰觸他的思緒和感受。整個下午他的話好少，除了幾個適當的微笑、貼心遞水給姊姊之外，他幾乎沒開過口。他就只是靜靜地看著：偶爾看看我爸和姨丈的互動，看我跟阿姨的對話；而多數時候，就只是靜靜地看著他的親大姊。

身為弟弟的他，到底是何滋味呢？

我走過雙親都是思覺失調症患者的幽暗，但那完全無助於我去體會舅舅的心境。他們姊弟從出生開始，曾經共同生活二十幾年。後來分離了，再聚首已是三十年後的現在，一來一往間，都已走過大半的人生。

天黑後在民宿裡，是另一場的相會——三十年來，我第一次和媽媽的親戚對話。

我的媽媽，是他們口中小時候最照顧弟弟妹妹、最有才氣的大姊。聊到三姊弟幼時的回憶，舅舅低著頭說：「沒有你媽媽，就沒有現在的我。」

在好幾個小時的閒聊裡，我唯一留下的模糊印象是阿姨和舅舅解釋為什麼當年舉家移民時，唯獨留下我媽在台灣：她在精神病院和我爸一見鍾情之後，為了愛情，執意留在台灣。為了就近照顧已經患病的姊姊，當時他們是想帶著她去美國的，只是再怎麼好言相勸，始終敵不過愛情，敵不過我媽的篤定。

這些訊息對我來說很重要，原來，他們不是一走了之。當時的離開，是不得不的心軟。

「我想過如果他們分手了，我一定要飛回來把你媽接去美國。」舅舅說。而我相信他真的會這麼做。

對於這次相聚最後的記憶，停留在隔天，和舅舅獨處的車上。

他在車上哭了。

兩個男人靜靜地坐在車裡，感覺上不太習慣表露情感的舅舅失守了。他試著抑制住自己的感受，但他控制不了自己的身體。我猜想那是三十年來他心中自我譴責的反撲，特別是在終於又見到姊姊之後。

我不禁在想：他記憶中的姊姊，和現實裡的姊姊，差很多嗎？

我曾經覺得想像中的媽媽和現實裡的媽媽天差地遠，只是，在無數次的撕裂和療癒後，我終於可以笑笑地說：「過了，片刻都輕鬆。」

但是對舅舅來說，他過了嗎？

舅舅的哭聲提醒了我三十年來，他也是獨自承受著，獨自面對只有他自己清楚的陰暗。

我沒多說話，只是給他一個會心的笑。

不知道他有沒有發現，在回他那個微笑前，其實我吐了口好長、好長的氣。

記錄下這段往事的此刻，我在想：不知道那天舅舅和阿姨看到我媽是什麼感受？特別是在那天之後，在看到她臉上的刀疤、殘缺的右腿之後，如果時間能回到三十年前他們移民的前夕，他們會選擇把我媽帶走嗎？

我希望不會。

PART 1 羞恥童年

必要的距離

二十幾年來，他們都住在精神病院，從養病到養老。

我跟這兩個稱為「爸爸」、「媽媽」的人之間，糾結卻又疏離。

他們從來就不屬於我生活的一部分。

我是怪胎？

小時候，每次聽到一群小人類開開心心地哼起〈世上只有媽媽好〉這首兒歌，我心裡都覺得好孤單，覺得自己在人群中是個格格不入的怪胎。

我八歲之前，有幾年是跟奶奶，還有爸媽同住。在我的童年記憶裡，從沒看過父母出門上班，自然也沒有那種他們下班後回到家說一聲「我回來嘍」的印象。

他們兩人都是思覺失調症（過去是說精神分裂）患者，有被害妄想，不是整天待在家，就是在國軍八一八醫院或者台北市立療養院。

當初他們就是在台北市立療養院認識的，從病友、戀人到互許終身的伴侶。聽爸爸說過我媽是他的初戀，他對她是一見鍾情。從那時起，他們就在一起了，一直持續到現在。

我八歲那年，媽媽被強制送到花蓮的台北榮總玉里分院，那裡專門收容精神病病友。隨後爸爸因為擔心有一天會控制不了自己，鑄下殺人大禍，而自願到那裡安養。

二十幾年來，他們都住在那裡，從養病到養老。

雖然住在不同的病房，只有在與家人會客時才能久久見上一面，但一見面，兩人總是你儂我儂，感情好得不得了，讓我好感動。她唱歌，他就打拍子；他談起政治抱負，她就在細節處停留。她講著在院內「遇害」的事情，他便眉頭深鎖；他感到有人想攻擊他，她就百般撫慰。

跟著家人出院區散心，是他們兩人最期待的事，對我爸來說卻也最折騰。

人在院區待久了，總想出去透透氣，但到了外頭，他又覺得草木皆兵，認為全世界都想毒害他。他會顯得惶惶不安，要麼菸不離手地來回踱步，要麼雙手抱頭在椅子上前後搖晃，頻頻喊著：「怎麼辦？怎麼辦？有人要殺我呀！」

這種時候藥物是無效的，親人們的安撫也同樣無效。唯一能稍稍解除他不安的，只有他的妻子。她側著頭，深情款款地看著他，手撫著他的手背，輕聲一句：「小寶（是她對他的專屬稱呼），你不要想那麼多嘛！」就可以驅散他的不安。

直到我十六歲之前，大概每三到四個月會跟著奶奶去探視爸媽一次。在會客室裡興致一來，他們便會哼上兩句，彷彿回到老時光。

高中時，奶奶開始失智，從那時起，我漸漸地去得沒那麼頻繁了，因為對我來說，我跟這兩個稱為「爸爸」、「媽媽」的人之間的連結儘管糾結，卻又疏離得很。

他們從來就不屬於我生活的一部分。

她盯著我的小雞雞看

我還在幼稚園穿圍兜兜的那幾年，和媽媽就像是兩塊被迫放在同一個盒子裡的同極磁鐵，奶奶在家時，我會黏著奶奶；只有我們母子單獨在家時，我則會盡量待在沒有她的角落，想辦法不讓她接近。不小心碰上面實在不得不，也都盡可能地和她保持距離，能不對眼就不對眼，能不說話就不說話。

可是一個家就這麼點大，總會有逃不了的時候。

每當我口渴了，想去廚房拿喝的，就像參加闖關大挑戰，得偷偷摸摸地，不能被魔王關主逮到。

爺爺對家裡不聞不問，長年不在家，我就跟奶奶睡，爸媽睡在對門。我把耳朵貼在房門上，努力聽門外有沒有動靜。如果沒問題，我就開門，衝出去又衝回來；若聽見她恰巧也要出房間，我就繼續躲在房裡，寧願忍著口渴。

假如原本以為一切平安，開門後卻驚覺對面房門正要開啟，我就屏住呼吸，迅速地輕輕把門關上。

若是在途中撞見，得低頭避免和她對看，隨便回幾句話，再快步撤回房間，然後輕輕地把門鎖上，千萬不能讓她察覺我鎖了門。

有幾次我帶著得來不易的水，眼看就要過關回到房間了，她的房門鎖卻在此時發出轉動聲！我心怦怦跳地加速衝進房，關門並上鎖，跳上床拿棉被裹著自己。

有時在房裡待得無聊了，到客廳看電視，無論我是坐著、趴著或躺著，只要她的房門一有動靜，我都立馬坐正，來得及的話就關上電視，衝回房間，上門鎖，爬上床。岌岌可危的時候，電視就讓它開著，那算小事。

有那麼幾次，看著看著電視，我竟打起盹來，失守前被自己驚醒，趕緊轉頭望向她的房間，幸好沒事。

但有幾次，我居然不爭氣地睡著了，結果是被她吐在我臉上的鼻息嚇醒。她那張臉貼得我好近好近，近到我無法看清她整張臉。

尿急了去上廁所，是最麻煩的事。

她就是有辦法出現在我開始尿尿之後，讓我想收都收不回來。她就雙腳釘在廁所門口，交抱著雙臂監視我上廁所，死盯著我的小雞雞看。我覺得好不自在，不由自主地微微轉往另一側。

「轉回來。」她冷冷地說。

如果我沒動靜，她會繼續要求一遍、兩遍……明知她不會放棄的，但我總要拖到她講第三遍才肯照做。

印象極深刻的一次是我六歲時。她站在廁所門口，看著準備尿尿的我，問：「你的小雞雞呢？」

要是現在，我一定會沒好氣地回她：「雞雞在雞雞該在的地方啊，問什麼問啊！」

但那時我僵硬得什麼反應都做不了，只有沉默。

見我沒回應，她直接坐到地板上，看我的雞雞。不摸，就只是看。見我尿完，她作勢要幫我穿褲子，我嚇得趕緊把褲子拉上。

有一陣子我會鎖上廁所門，不單如此，明明已經鎖好了，還得拉拉門把確定她進不來，儘管知道最終還是得開門。

她總會在門外冷冷地命令：「開門。」

我假裝沒聽到，可是在門的這頭好緊張。

她開始高聲喊：「開門，我說開門！」

我總會試著再反抗一下，就算所謂的「反抗」只不過是站在廁所的小小密閉空間裡。最後在她激動罵喊和猛烈捶門中，我只能就範。

這母愛，我難以消受

這些時候的她，沒發病。她是位母親，嘗試在她的日常裡，用她的方式親近孩子。母親想愛孩子，一切再自然不過。然而她的人，我接近不了；她的愛，我消受不了。

我永遠想方設法地在迴避她。

不僅童年的我如此，長大後，情況也大同小異，只是形式不同罷了。每個不同時期的她，都在用「她的方式」確認我們的親子關係。她打電話和寫信給我，問我還記得她嗎？當然記得，怎麼可能忘得了。

去探視她的時候，她的開場白永遠都是：「叫我媽咪。」要我坐她旁邊，要我抱她，甚至親她。好不容易訪視結束，她卻總在這時挑戰我的極限——要我給她一個kiss bye。

好多年以來，我始終在逃避。電話從接到不接，有時索性關機。她寫來的信，我幾乎沒看，更從未回信。坐在她身旁、抱她、親她，我有求必應，只因為不想讓同行的家人們難過。每個kiss bye，都是咬牙苦撐的逢場作戲。

二十年來，她和我像在玩官兵捉強盜，可這不是遊戲。對她，我始終保持著對我來說最必要的距離。

「叫我媽。」

她每次發病的時間都好久好久，而那次又特別長……

有時聲音停了，我以為雨過天青；

下一秒卻又是一陣狂風暴雨。

家是避「瘋」港

常聽人說，家是避風港。但港內不時也是會起大風、下大雨吧。更何況對童年的我來說，家不是避風港，只有和奶奶一起睡的那個房間，才是真正的避「瘋」港。

爸媽發病的時候，奶奶和我就會把自己鎖在房間裡，像等待超級颱風出海那樣，聽著

「叫我媽。」

房門外猶如狂風怒號，暴雨咆哮：不間斷的咒罵聲、尖叫聲和撕裂聲，他們扯著窗、門，摔盤子，砸家具。

奶奶很保護我，每當暴風雨過後，都囑咐我乖乖待在房間裡，她獨自出去善後。走出房門前，總是對我耳提面命：

「不要出來，也不要開門。」

我想，一方面奶奶是沒把握他們會不會又突然失控起來，同時也不想讓我看到父母發病後留下的痕跡。她始終想在我面前替那兩個我叫爸、媽的人，留下點好印象。

但，怎麼可能沒留下痕跡?!直到現在，每當我聽到有人尖叫、嘶吼，都還是會膽寒。每次我都會閉上眼睛，深呼吸，在心裡跟自己說：

「我已經長大了，那些都過去了。」

門被她撞破了！

那次，她又發病。

她對著我和奶奶的房門狂踹，再側身衝撞。每一下撞擊，我的心都隨之寒顫。我窩在奶奶的懷裡，呼吸急促，身體覺得好冷好冷，縮成一團緊緊倒在奶奶的懷裡，怎麼貼都還是覺得不夠緊。那種感覺，很像是有人冷不防地在你身後尖叫，鬧著你玩，讓你嚇出一身冷汗，差別只在她每次發病的時間都好久好久，而那次又特別長……有時聲音停了，我以為雨過天青；下一秒卻又是一陣狂風暴雨。

差別只在她沒有戲弄我，是命運在戲弄我們全家。

「開門！開門！給我開門！國國出來！你出來！他是我兒子，姓沈的你憑什麼不讓國國出來！」

她認為奶奶隔離了我們母子，但事實上，讓我出不去的是她。她在門外嘶吼，我在奶奶的懷裡顫抖。此時此刻，這個封閉空間成了我和奶奶最後的安全堡壘。房內，對角線的這頭，我魂飛魄散；對角線的那頭，門劇烈搖晃。我直盯著門看，卑微地等待著她氣力放盡，心裡拚命告訴自己：快結束了，快結束了，這次只是比較久而已，再一下下就好，國國不要害怕……

突然，三夾板做的門被她撞破了！

我眼睜睜看著她那帶著血跡的手穿過門洞，瞬間感覺自己的心臟已掉落在她的手掌

「叫我媽。」

裡，她死握著，隨時可以讓我的心停止跳動。我徹底被嚇傻了，不知道該怎麼反應。怎麼可能?!那不是門嗎?!

她反手轉動門把的同時，我呆瞪著那個染紅的鋁製手把……

她打開門了。

奶奶立刻跳下床，大力把我推向另一個牆角。我沒有被出賣的背叛感，只是覺得頓失依靠。奶奶知道我從來都不會是她攻擊的對象，因為我是她的「兒子」，奶奶把我推開是不想再刺激她，讓她撞見兒子被奶奶抱著的畫面，那是奶奶保護我們祖孫兩人的方式。

她終於還是闖了進來，眼光掃到獨自顫在牆角的我，一步、一步，異常緩慢地朝我走來，巨大身影壓得我透不過氣，我聽到自己飆速的心跳怦怦。我好想哭，但因為過度驚嚇而哭不出來。我不想也不敢看她，望著奶奶，想朝那裡撲去，回到只有祖孫兩人的世界裡。

但沒機會了，她站在我面前，隔開了我和世界。

「叫我媽。」她冷冷地說，有股氣鎖在她的喉嚨裡。

我沉默著。

「我要你叫我媽。」她發狠的眼神撕著我緊閉的唇。

「叫我媽！叫我媽！我要你叫我媽！」魔手伸出食指頂著我的眉心，她瘋狂喊叫著這句話，千萬次。

奶奶在她身後示意我照做。但……我就是喊不出來啊！我才六歲，是要我怎樣?!就是喊不出來啊！

千萬句「叫我媽」朝我全身狂射，句句穿心。我和她只隔著一張A４紙厚度的距離。怎麼可以這樣對一個孩子？

有那麼一瞬間，我以為她這次要對我下手了，結果遭殃的仍然是奶奶。她轉身撲向奶奶，猛往腦門打，使勁地往死裡打，好長好長一段時間裡打了好久、好久。兩個女人的聲帶幾乎都要喊斷了；兩個女人的心，老早就不知道散到了何處。

我一動也沒動，只是蹲在地上，抱著自己瑟縮在牆角，看著這一切發生，卻無能為力。

幸好，那天已經結束了。

怎麼原諒？

長大之後，我漸漸有能力從不同的角度理解當年的慘狀：那是母職被取代的發洩。她打的是我奶奶，恨的是她一生的慘遇與瘋癲。

雖然理解，但好長一段時間裡我無法原諒。我怎麼能夠原諒。

直到現在每次見到她，我心裡第一個念頭都是連名帶姓地稱呼她。可是大學時去看她，有幾次直接叫她名字，她都皺著眉糾正，以非常急促的口吻連珠炮般地提醒她是我媽，我應該叫她「媽咪」，直到最後我屈服為止。那反而更加深了我內心對她的厭惡感。即使如此，為了不再無謂地掀起她的焦慮，每次探視她的時候，我都只能用強裝出來的親切，擠出一聲：「媽媽。」

大學時期，偶爾會和朋友雲淡風輕地談起這段往事，我也一直以為那在心裡早已是過眼雲煙，以為自己少了點驚恐，多了點體諒……

直到用文字重新播放這一切的此刻，才在淚水中明白，說給別人聽和記錄給自己看是兩回事。敲著鍵盤打下烙印在我心中的這段往事，菸沒完沒了地抽，呼吸一次比一次沉，我卻遲遲寫不下「叫我媽」三個字。原來，傷還在。

本來想要像在大雨中奔向遮蔽處那樣，一鼓作氣地衝過去，迅速咬牙寫完這件事，但我的心跟我說，衝過去是一種逃避，我需要緩下來，再重返這段往事一次。如今的我已經是個成年人了，我可以保護國國小人類。

我哭了，第一次那麼有意識地為了那個孤立無援的內在小孩而哭泣。

就像每次低潮時，我點開最愛的Red Hot Chili Peppers（「嗆辣紅椒」樂團）的〈Under the Bridge〉，這首歌再熟悉不過了，卻是我第一次聽到抱枕痛哭，這才明白這首歌之所以深深觸動我，因為它唱出了我壓抑的童年驚恐殘影。

I don't ever want to feel（我再也不願重溫）
Like I did that day（那天那感受）
Take me to the place I love（帶我去到所愛之地）
Take me all the way（帶上我前去）

「叫我媽。」

媽媽和我少數的美好記憶之一。

中華豆腐加大冰美

【第一次和媽媽單獨見面】

我媽有著一副好歌喉，以前常聽她說她是玉里院區裡藝工隊的固定班底，穿梭在不同病房唱歌給病友聽。她要是沒發病，也許會是位創作型才女呢。只不過自從幾年前因為壞死性筋膜炎差點被死神領走後，她失去了右腿，也喪失了原有的活力，彷彿風中殘燭。

然而，在她動完刀之後，可能因為她漸漸不再那麼強迫要我叫媽媽，又或許因為對她的老態心生憐憫，我開始可以好好地聽她說話，問問她關於我小時候的事。

去玉里探視時，有時我會只接爸爸出來聊天，因為面對她，總讓我有股壓力。和她有關的過往記憶盡是各種她發病的殘影，這讓我在面對她的時候，始終有種微微的厭惡感。

而現在跨過了三十歲，我頭一次願意單獨和她對談，聊聊我童年時的母子時光。

原來，我們也曾幸福過？

見面前，我試著在記憶裡搜尋和她相關的童年生活印象，卻幾乎找不到。可是聽她談起我小時候的事情，她笑咪咪的眼睛讓我知道，在她的記憶中，我們母子曾經幸福過，而她想到的第一件事就是她會煮東西給我吃。

「你小時候，都是我煮飯給你吃啊！」

我滿臉疑惑，「我記不得耶。你都煮什麼？」

「我記得你很挑嘴，你都只吃……豆酥鱈魚呀，糖醋排骨呀。」

她回應得好自然，但是看著她，我實在不確定那是在回想，還是在創作。我不記得她有常常煮東西給我吃過，吃過有印象的也都不是這些好料。

我換個話題問：「除了煮東西給我吃之外，關於我的童年，你還想到什麼？」

「你很喜歡上幼稚園，而且很喜歡我牽著你去。我有去參加你的畢業典禮，那天你又唱又跳的很可愛。」

我記不得自己喜不喜歡上幼稚園，但很確定，我不喜歡她牽我的手。

近兩個小時的對話中，她喜孜孜地說著各種美滿、幸福的母子互動：她陪我去公園玩、教我寫字、唸床頭故事給我聽等等，可是，沒有一件我有印象。我唯一有一點印象的是她提到的幼稚園，因為我留有一張當時的合照。

這張照片拍攝於我幼稚園畢業典禮當天，大太陽底下在游泳池旁，穿洋裝的她摟著穿幼稚園制服的我，兩人笑得合不攏嘴，很親密的樣子。

過去，她對我始終只是傷害和恐懼的來源；而現在的她和我也只是有名無實、有緣無分的母子。二十多年來，每次整理櫃子總會丟掉一些不想留著的東西，她寫給我的幾百封信也被我丟光了……所以每次看到這張照片，我都會想到兩個問題：

為什麼獨獨這張在我看來像是別人家的親子照，我會留著？

更教我納悶的是，照片裡的我，怎麼笑得如此開懷，又和她如此親近？

照片散發出來的歡樂氛圍，和我對她的記憶完全兜不起來。那些和她有關的日常生活，甚至是歡樂時光，到底存不存在？如果曾經有，為何連一丁點的片段都沒留下來？

詭異的日常印象

我的確記得她有準備食物給我吃，但從來都不是什麼豆酥鱈魚、糖醋排骨。她和爸爸還住在家裡時，奶奶不管走到哪裡，盡量都拎著我。這也沒辦法，我爸媽的狀況真的是不定時炸彈，任誰也不放心把小孩留給他們顧。

可總有些時候，家裡會只剩下媽媽和我兩個人，這時，她就會準備東西給我吃。但不管是早餐、午餐或晚餐，無論春、夏、秋、冬哪個季節，她準備的永遠都是：

中華豆腐＋大冰美。

沒飯，沒麵，沒其他配菜，就是中華豆腐加上大冰美。

耳邊傳來攪拌匙在玻璃杯裡打轉的聲響，餐桌上放著兩大塊淋上醬油膏的中華豆腐，等她把玻璃杯放在桌上後，她就坐在我旁邊，盯著我默默地一口口把豆腐往嘴裡放。單調又冰冷的食物不僅難以下嚥，而且完全吃不飽，可是你吃不飽的時候最好別讓她發現，不然，她又會從冰箱裡拿出一盒中華豆腐。

那時候我倒不覺得媽媽只給我吃這些有什麼奇怪的，只是食物冰冷罷了，因為我不知道別人家的情形。但她老是坐在身旁盯著我吃飯，讓我渾身不自在，於是常常豆腐沒吃完就說飽了，因為實在太有壓迫感。

雖然我想破頭還是不明白為何她那麼鍾情「中華豆腐加大冰美」，然而這個詭異的組合卻是我的記憶裡，最日常、最接近母子互動的印象。

我是精神病患的小孩

我猜想和她住在一起的那些年，應該有過更多親子互動才是，因為他們雖然是思覺失調症患者，但不代表他們只有發病的那一面。

在我的理解裡，不管在病發前還是病發後，「他們」和「我們」的相似之處，遠遠超出你所能想像的。七情六欲也好，悲歡離合也罷，我們經歷的，他們也走過，只是關於思覺失調症患者發病失控的種種不斷被刻意放大，大到我們看不見他們在人性和生活的面向。

我的記憶裡之所以沒留下多少和媽媽一起生活的印象，有一個可能的原因是：她發病時帶給我的傷害都太衝擊、太駭人了。

儘管腦海中因她病發而遺留的創傷記憶不過幾起，但可能每件事對我來說都太怵目驚心，遠超出一個幼童可以承受的範圍，因此那些駭人的記憶，成了我對她的唯一印象。

另一種可能是：長期以來在親戚、朋友家，我感受到的都是幸福的滋味，父母跟小孩鬥嘴、替小孩送便當、幫小孩慶生之類的；回頭看看自己的爸媽，老是看到他們怪異的行徑、發病的瘋癲，久而久之，那些曾經有過的日常互動，就一一淡出我的記憶。

還在念幼稚園時，我多少就感覺得到自己的父母和別人不太一樣，他們會發病、門會被撞破、奶奶會被揍，偶爾有警車會出現。別人的父母是親手帶大小孩，而親手帶大我的奶奶，總帶我去精神病院看父母。

上了國小後，我開始因為父母患病而感到羞恥；念國中時，我開始因為擔心自己也會發病而心慌。

在那段漫長歲月裡，周遭的一切在在提醒我，我只有令我難以啟齒的父母。逢年過節也好，家長座談會也好，所有的場合都讓我想起病態的他們，讓我掉入失落的深淵。

這份失落，有好長一段時間影響我對自己的認識，形塑我的身分認同——我是精神病患的小孩……

【第一次跟爸爸坦誠對話】

心靈受創的兩個孩子

利用假期到玉里走一趟，這次沒見媽媽，只接我爸出來，多少有點偷約會的感覺。來了不知多少回，但這次心裡是帶著目的：多少年來第一次，我想和爸爸坦誠地談談過往。

我想多認識他，也想聽他說說童年的我，因為我腦海裡和他有關的記憶真的好少，少到讓我覺得這個人好像從沒出現在我生命當中。

同時，雖然覺得對他有點苛刻，但如果可能的話，我想親口聽他對我說：「國國，對不起，因為這場病，我缺席了你的人生。」我想，這樣的道歉會有助於我放下。

從護理站望見他挺著圓滾滾的肚子，從遠方一跛一跛地緩緩走來。這是我從小來到大的地方，昏暗的光線、眩腦的藥水味，其他病友們想示好卻可能讓陌生人沒什麼好感的眼神……所有的人、事、物，我都從八歲看到現在，此刻卻第一次感到不自在。

他憨厚而真誠地笑著，習慣性地摸摸那顆大平頭，十分有朝氣地對我說：「國國，我們出去會客吧！應聖娜會不會來？」畢竟只有在會客的時候，他可以稍稍離開那個牢籠，見見他深愛的老婆。

「爸，今天就我們父子倆好好聊聊吧！三十年來頭一遭喔！」

我們同病相憐

步出病房大門，我們各自點了支菸，他抽的是愜意，我抽的是焦慮。

他那條數十年前跌斷的腿，帶我們落腳在一座方形建築物下，這裡是復健中心，一樓有郵局和麵包店，平日有一些病友幫忙打雜，但今天是假日，空無一人，有我正需要的寧靜。

像每次一樣，話題由他主導，我向來就只是個聽眾，因為他從沒有真的想聽誰的意見過。無邊無際地瞎扯，扯的盡是他的妄想，最後我終於忍不住開口打斷他。

「爸，我跟你說喔，我正在寫一本書耶！」

「書？什麼書？」以書當開場，好像讓他滿感興趣的。

「嗯，算是自傳吧。可以提到你嗎？你會不會覺得不太好？」

「很好啊！有什麼不好的？」

「因為你這場病啊，寫出來沒關係嗎？」

「有什麼關係？我又沒做什麼昧著良心的事。而且讓大家多認識像我這樣的病人很好啊！我幫你整理一下，我得的是思覺失調症，這裡面呢又可以分成$@%^)@%……」他又開始像博物館導覽員那樣，如數家珍地介紹自己的病史。

「爸，病史的部分先不用講，倒是說說你對我小時候的事，有什麼印象嗎？」

我試著把話題帶到我的小時候，只是在這個人的記憶裡，童年的我好像也只是他生命中的一名小小配角。他漫不經心地想著，遲遲吐不出半個字。

我不死心地問：「說說嘛！你想到的第一件事是什麼？」

他搖頭。等了幾分鐘之後，我再問一次，他也只是繼續搖頭。

「我想不到。」

難道對他來說，我就真的只是個跑龍套的……為什麼再怎麼旁敲側擊，他都想不起來？

「那你有印象嗎？小時候你餵我吃檳榔，或是帶我去教會？」

除了搖頭之外，他什麼話都說不出來。沒有印象，什麼印象都沒有。

剛剛的歡樂氣氛散去了，取而代之的是兩個男人的沉默。

許久之後，是他先劃破那沉默的。

「我對你很內疚。」

我們彼此對望，此生第一次讓彼此的靈魂相遇。

這句我等了三十年的告白，濕了我的眼眶。我費力撐大眼睛，咬著下唇，拒絕讓眼淚落下。

「是應該啊，哈哈哈哈哈……你為什麼覺得內疚？」我選擇用打岔的方式沖淡自己的哀傷。

「因為從你八歲到現在，我都沒有照顧過你。」一個自覺是個罪人的自白。

「那你那時候都在幹麼呢？」

「我在煩我的妄想啊！……」他開始自動播放我聽爛了的政治妄想。

「爸！」

他的眼神回到我身上。

「那我八歲之前，你有照顧過我嗎？」我問出了口，但不大敢聽他的回答。

「沒有。」

「你那時候都在幹什麼呢？」我想我真的需要一些好理由。

「我在煩我的妄想啊！……」他又繼續播放他的政治妄想。

「爸！」

眼神再度回到我身上。

「那你們生我之前，考慮過自己有沒有能力照顧這個小孩嗎？」

「沒有，沒有想過。」他摸摸大平頭，一臉歉意地說：「我們沒有想那麼多，就是想要有小孩……我太自私了。」

「是啊，你們很自私。但還好奶奶他們很愛我，很照顧我。還好我很厲害可以健健康康地活到現在，哈哈哈哈哈！」我以笑聲包裝自己的失落和對他的不忍。看著這個男人，我不知道該不該繼續這場對話。

我突然想起，眼前這個為了自己未善盡父職而對我感到內疚的男人，其實跟我有相似的童年經驗吧！我們會不會都不知道父親在哪裡？在做些什麼？為什麼沒有陪在自己身旁？

我想進入我爸爸的童年。

「爸，你說你對我很內疚，那爺爺該對你感到內疚嗎？你小的時候，他照顧過你嗎？」

他沉默了一會，接著開始細數心目中「偶像」的種種光彩：「他沒時間啊。他那時候很忙，是很&#%^#^#%^*#^……」在他心中，他的父親是無人可比的超級大電視製作人，是可以幫助他實現幻想的男人。

「爸！」我試著打斷他的思緒。「你小的時候，爺爺照顧過你嗎？」

他轉為沉默，然後說：「他帶我去過幾次很高級的法國餐廳。」

我刻意放慢速度，溫柔地問：「我是問，他照顧過那個還未成年的你嗎？陪你聊天、送你上學、哄你睡覺之類的事。」

「……我會照顧好自己啊！而且我還帶大我的弟弟、妹妹。我南一中的耶！李安還是我高中同班同學。我大學聯考英文考#%(*^#^#)……」

「爸，我這樣問你好了：你覺得你感受過父愛嗎？」這可能是我這輩子問過最傷人的話了。

「……一點點吧。」

「爸，你，小時候的你，感受過父愛嗎？」

過了好久好久，他低頭對著地板說：「沒有。」

我在心裡跟他說：是啊，這些我都知道。我知道你自幼是苦過來的。苦得懂事，苦得堅強，也苦得壓抑，最後苦得分裂啊！我知道你是飽讀詩書的高材生，還是子代父職的好長兄，但你看看你自己現在住在哪裡啊……你看看你泰半的人生是怎麼被吞噬掉的。

這心坎裡的話，我不忍跟他說，也早就錯過跟他說這番話的時機了。

如果有人溫柔而耐心地陪伴過他，如果有人曾帶著同理跟開放的心境牽引著他，如果有人健康地愛過這個男人……就算日子再苦，我想也不致如此。而他的沉默、他幼時的期待與失落，就不會壓垮他一世了。

想到這裡，我第一次覺得自己跟他好像。我們同病相憐：我們的父親都活在他們的世界裡，我們都未曾感受到父親的溫暖，未曾被自己的父親好好抱過、好好愛過。

回過神來，我繼續問：「爸，如果你現在有機會跟八歲的我說說話，你會說什麼？」

「沒什麼想說的。我沒有時間想這些，我都在想我自己的妄想啊！」

他再一次扯著他的妄想，但這次我沒辦法像平常那樣假裝聽他說話。看著父親，童年的國國在我心裡嚎啕大哭。

我原本想，爸爸總有些什麼話想告訴我吧，或至少在陷入沉思後，跟我說他不知道怎麼說，或不曉得要說什麼。結果都不是。

爸爸想都沒想，直截了當地就回了我一句「沒什麼想說的」。

他怎麼會沒有話想跟童年的我說？他怎麼可以？我覺得自己被拒於千里之外。

爸媽都沒愛過我

我的內在小孩哭得凶，這是我近三十年來，第一次因為未被父親重視過而掉淚。

我問我自己，為什麼直到現在才看清「爸爸的世界裡沒有我」這個事實。

答案簡單得可笑：因為我有一個讓我恐懼萬分的母親啊！

不是爸爸沒傷過我，而是有個傷我更巨的「她」擋在前面，讓我未曾正視爸爸對我造成的傷害。

長期以來，母親對我造成的傷害，讓我在心裡自動降低對父親的標準。我告訴自己至少爸爸這輩子沒傷害過我。我把他沒在肉體上侵犯過我，解釋成他愛我的證據，卻從沒正視「父親的缺席」造成的影響。我把一切的痛與恨都怪在媽媽身上，因此未曾對父親感到厭惡和噁心。當你有一位零分的母親，一分的父親就顯得珍貴。

一路上，奶奶和其他家人們都愛著我，我也從好朋友身上感受到愛與支持。直到現在才恍然大悟——我父母都沒愛過我。

我爸不會有話跟童年的國國說了，這對他而言再自然不過。他的回應裡有我爺爺的影子。就像爺爺早年因為事業而忽略了家庭，我爸也為了他的妄想而遺棄兒子。他自幼領受到的就是父親的缺席，我又怎麼能苛求他扮演一位稱職的父親。

未曾領受過的，該怎麼給？

很多人不都在和自己孩子的關係裡，複製了那段曾對他造成傷害的親子互動模式嗎？未曾領受過的愛，需要當事人很有意識地努力，才能避免悲劇的重演。往往，在家庭裡我們看到的是相同的劇本，角色易位罷了。劇本不斷重演，因為曾經被傷害過的方式雖然讓人痛苦，卻也是許多人唯一懂得的方式。

但這樣的悲劇，在我家會因我而止的。幾根菸的時間，讓我更清楚發生在我身上的事，以及從中我要帶走的人生課題是什麼。

我要超越我的出生，活出自己的名字。

我有機會和能力，走出不同的路

爸爸伸手跟我要菸，他知道我每次來都會帶五包白長軟盒給他。我想鬧鬧他。

「你沒菸抽，我為什麼要幫你買？」

他的臉上露出一副「沒想過……但這不是天經地義的事嗎？」的表情。他摸摸自己的大平頭，有點不好意思地說：「因為你是我兒子啊！」

我苦笑了一聲，在心裡跟自己說：但我們有身分，沒情分啊！

我深吸一口氣，慢慢把氣吐完後，拿著要給他的菸，和他說了一段話。近三十年來第一次的告白。

「爸，我跟你說喔，這五包菸是我幫奶奶買給你的。我以後還是會幫她買菸給你。因為你是她兒子，她非常非常愛你，而我深深愛著她。我願意替她做任何她會做的事。但你要知道，是奶奶借我的手買給你的。」

我不知道他有沒有聽懂我的弦外之音，但這已經是我能對他最坦白的程度了。再多，就太傷人了。

他慢慢地抽菸，享受著吞雲吐霧的暢快。我則在他的身影裡看見了自己的疊影。

我爸和我，兩個心靈受創的孩子。

而我還有機會和能力，走出不同的路。

放下「不談」的羞恥

我不曉得要如何看待他們發病時的失控，甚至不知道原來他們生病了。
譬如爸爸縱火自焚，
譬如媽媽右臉上那道從耳垂到嘴角的刀疤，被我爸砍的。

有鮮明印象的，都不是我希望發生過的

八歲之前那段三代同堂的時光，我記得的盡是細碎的片段。
有時爸媽會帶我去買超商的重量杯可樂，他們一人捧著一個杯子，一喝就是三、五杯起跳。在家裡的時候，他們成天抱著直立式飲水機豪飲，一大杯一大杯地猛灌，直到因為

喝太多水而昏倒被送醫。

有時候在客廳裡，爸爸彈鋼琴，奶奶和媽媽擔任主唱，三個人歡樂地唱著歌。又或者奶奶和媽媽坐在客廳一角，靜靜地聽我爸發表「高見」——千篇一律是他的政治妄想。

從身邊的照片，我知道父母有幫我慶生、帶我去遊樂場玩，也參加了我幼稚園的畢業典禮。但就像那些照片對我來說很生疏一樣，我對年幼時和他們一起生活過的事實也感到陌生，至少有鮮明印象的都不是我希望發生過的。

比如，他們會把我叫進他們的房間裡，要我站在門邊，看他們蓋著棉被翻來覆去，聽兩人發出喘息和呻吟聲。我不理解他們在做什麼，但是在幼稚園午休時，我會摸睡在身旁的女同學的下體。

電療、綑綁、隔離……

和他們同住的那幾年，奶奶偶爾會讓我在一樓的鄰居家過夜。有好幾次，深夜的警車和救護車鳴笛聲把我驚醒了。在夜裡閃爍的警燈下，爸爸或媽媽被五花大綁地架上了救護車，我站在鄰居家門口，望著救護車的車尾，目送他們離開。

到底發生了什麼事？

我需要知道。可是從來沒有人跟我說過。

小時候，每次去醫院看他們，他們跟奶奶的談話裡都會冒出我無法理解的字眼，像是：電療、綑綁、隔離等等。

有時候聊著聊著，奶奶會哭，或者發怒，有時候奶奶叫我不要聽，我始終都不知道為什麼。

「什麼是電療？」有一次，我問奶奶。

她只回我那句搪塞小人類的萬年用語：

「小孩子不要問那麼多。」

為什麼他們不是在家裡，就是在醫院？

小孩子可以不問，但感受、想像和理解是停不下來的。奶奶要我別多問，自然是出自貼心，不希望我承受太多。但她無力顧及的是，她的一片好意反倒壓出年幼的我更多困惑、恐懼和自責。

我不明白為什麼爸媽不是在家裡，就是在醫院，由於從來沒有人和我聊過父母患病的事，自然也沒有人引導我理解、疏導我的感受，陪我梳理心中的千絲萬縷。

我不曉得要如何看待他們發病時的失控，甚至不知道原來他們生病了。

譬如爸爸縱火自焚的那個晚上，我在親戚家邊打電動，邊聽著大人們的對話，不清楚發生了什麼事。奶奶只是用一貫嚴厲的表情，告訴我：「不要多問。」

直到隔天回到家才驚覺，怎麼整個家被燒得烏漆抹黑的！從一樓大門口往上走，樓梯間黑漆漆的，進到了四樓的家，放眼望去盡是一片黑，跟火災片裡的廢墟一模一樣。

到底怎麼了？我需要知道，可是沒有人跟我說。種種的不知所措與惶恐在心裡壓抑許久，成了無人能觸及，而我終得獨自承受、持續猜疑的心理壓力，變成一種深層的不安。

又譬如，我媽右臉上那道從耳垂劃到嘴角的刀疤。

某個晚上，從爸媽的房間又傳來陣陣叫罵聲、毆打聲。爸爸懷疑媽媽跟別的男人有染，打算跟她對質，卻一時失控，在她臉上留下深深的一道刀痕。她衝向奶奶和我的房間，奮力撞開了被我上鎖的房門，逼近我，貼著我的臉，她指著自己臉上的斑斑血痕，放聲尖叫：

「你看你爸做了什麼！你看！」

鬧教會、砸車子、燒房子、砍妻子……每起事件對我而言，無疑都是毀滅性的天搖地動。在每個爸爸掀起的巨震之後，伴隨出現的是眾人的無聲海嘯，吞噬我嬌嫩脆弱的童心。無論在家裡或學校，我總是坐立不安，深深覺得家人、師長和同學們都在我背後議論紛紛，卻沒人上前來關心過我。

國小的時候，有一次看到電視播報「精神病患拎著兩顆腦袋在街上閒晃」的新聞，凶嫌的畫面竟讓我想起父親，腦海裡滿是令我餘悸猶存的驚恐。那天，我躲進棉被裡哭了好久好久……

為什麼這個我叫「爸爸」的人，總是闖那麼多禍？為什麼有救護車？為什麼有警察？為什麼奶奶會哭？為什麼周遭的人都用異樣的眼光在看我？又為什麼從沒人好好地跟我解釋過這一切？

這種「不談」的家庭氣氛和社會氛圍，形成了童年的我在理解、感受、想像和回應上的基礎，那就是——羞恥感。

「是那個瘋子的兒子！」

在被羞恥感籠罩的童年記憶裡，傳統市場一直是我的墳場。和爸媽住在一起的那段時期，媽媽常常一大早打扮得漂漂亮亮地上傳統市場。她從市場帶回來的通常不是食材或日用品，而盡是各種耳環、戒指等飾品。然而，帶著雀躍心情回家的她，門一開，對上的往往是奶奶的一臉愁容。婆媳之間的爭執，總會發生在她從傳統市場回來之後。那天也是這樣。

「你剛剛上哪兒去了？」奶奶沒好氣地明知故問。

「去市場啊！你看，這幾副耳環是不是很漂亮？」

不知道是沒聽到我媽的話，還是我媽的話裡總有令人不安的訊息，奶奶的眉頭鎖得更深了。

「你哪來的錢買這些東西？是不是又在市場欠錢了？」

奶奶持續逼問，在市場欠錢、鬧事的老話題，再次成為兩人針鋒相對的導火線。氣氛極凍，年幼的我耳裡盡是自己沉重的心跳聲。

「我哪有！你不要亂說話！」我媽火氣直上。「是我在市場的朋友送我的。」

她極力為自己辯駁，同時一步步朝著奶奶逼近。在奶奶身後是驚魂未定的我，我好怕哪個瞬間，她又會失心瘋地鬼吼鬼叫、摔東西，甚至對奶奶拳腳相向。

每當她的情緒逼近臨界點，奶奶就會拖著我快步躲進房間，關門上鎖把她擋在外頭。那扇門擋得住她肉身的侵犯，卻擋不住她淒厲的嘶吼聲。就像那一天的衝突。

「把門給我打開來！」

「為什麼要誣賴我？」

「誰跟你說的？我去市場揍她！」

我躲在門後聽，聽她的謾罵聲、聽她的撞門聲，聽進一切讓我膽寒的聲音，卻從來沒聽過我最想要也最需要聽到的——這個家到底發生了什麼事？為什麼她總是這樣？

在我的想像裡，她就是市場裡惡名昭彰的壞人。而我，是壞人之子。

羞恥感逼得我不敢去市場，總覺得自己要是去市場兜一圈，根本是白白送死。

「是那個瘋子的兒子！」

總覺得假如我從市場頭走到市場尾，一路上像一隻過街老鼠一樣被人指指點點，一張張面目可畏的臉孔在我四周交頭接耳著：「你看！他就是那個阿達阿達的小孩。」

比起暗地裡的嫌棄、嘲諷和噁心，大太陽底下的餘光和耳語更令我感到不堪。我低著頭，在心裡吼叫著：「別以為我不知道你們在想什麼、說什麼！」

市場裡的攤販，從賣魚的、賣菜的到賣生活用品的，一定都覺得我的錢很髒，我的人在發臭。「他是要來幫他那個瘋子媽媽還錢的嗎？」這是他們心中永遠的嘲弄和質問吧。

傳統市場無庸置疑的是幼稚園的我最討厭、最害怕去的地方。只不過現在回想起來，我也不確定在我小時候，市場裡真有人如此不友善地對我嗎？還是我自己的想像？

我能確定的是，父母發病時狂暴的行徑以及周遭不談的氛圍，讓我備感羞恥。這份羞恥感向外延伸，讓年幼的我不安地對外人築起防衛的高牆。

沒有人應該感到羞恥

因為父母發病而起的種種往事，讓我見識了暴力，嘗盡了羞恥。我的身體從未遭受暴力的直接侵害，但心靈飽嘗了對暴力的恐懼以及羞恥感的折磨。

回頭看看自己早期的生命經驗讓我明白，我們對過往事件的記憶不是像文書資料被放入檔案櫃那樣，一旦歸檔就無法改變。我們記憶事情的方式更像是捏黏土，同一塊黏土在不同的時候去捏，能捏出不同形狀；對同一件事情的記憶和理解，隨著我們心境的轉換，是可以不斷被翻寫的。

對現在的我來說，父母罹患思覺失調症是份厚重的禮物，絢麗與灰暗交疊的祝福。但小時候的我，有好長一段時間都處在父母患病的不安與羞恥之中，但會有這種感受，其實更和周遭的人們如何回應有關。如果在每起事件之後，我周遭的大人，不管是家人、鄰居或師長，能給我更多解釋和陪伴，我想會沖淡我心中的不安與羞恥許多。至少我會知道，原來這一切都不是我的錯。

這一切，都不是誰的錯。

我們不是都說「家家有本難念的經」嗎？思覺失調症這個生命課題，確實讓全家人活在各種苦楚之中，家中的成員在不同時期都曾依著自己的角色，承受難以向外人說明的苦楚。但誰的家都有苦楚，都有辛酸處，誰的家都有對愛的期待、滿足與遺落，我只是在「父母患病」的這個版本下，修練關於愛的課題，加深對人的理解。

而在我的理解裡，精神病的病友和家屬會懷疑自己是不是做錯了什麼，很多時候會有羞恥感，原因其實不是病痛，而是我們「不談病痛」。

現在的我可以斬釘截鐵地說，不管是罹患思覺失調症的病友或是病友的親屬，沒有人應該為這件事感到羞恥。可是我自己也是在走過童年的不安、青少年的叛逆和甫成年的混沌後，才在一次次崩壞和重建的撕裂跟自我療癒中，漸漸體會「不談」與「羞恥」之間的關係。這也是我選擇要談的原因。

那些成人選擇不和小孩談的事，原因不一而足，善意的、惡意的、不經意的都有。而我猜想很多時候是身為成人的我們也不知道該不該談，以及怎麼談，畢竟現在的成人都曾經是小孩。

有人不談，是出於一己的無知、無情和無禮。但我相信有更多人之所以不談，是因為在「愛」裡，不知如何面對。想訴說的人擔心自己的坦誠招來廉價回應；願意聆聽的人忘了傾聽就是同在，同在就能給出力量。

現在回想起來，我很感謝一路上的好朋友。他們沒給建議，因為答案終究得靠自己去試探。他們付出了時間，傾聽我，溫柔地陪著我，這是最珍貴的支持。

去談吧！不管它是什麼事情，去談了，才有機會放下由此而生的標籤與包袱。

唯有如此，我們才能從鬼影幢幢的虛耗中解脫，也才有機會看見它替自己開出的生命課題，以及在那背後可能的理解和開闊。

談它，才有機會帶來更同理、更友善的環境。

【我的恐懼】

我會發病嗎？

「我會發病嗎？」

嚴格來講，答案對我而言是「我不確定」。

為什麼我要當眾自我揭露？

自從開始分享我的生命故事後，偶爾會被問到類似的問題。最近一次發生在二〇一六年年末，我加入的教育組織TFT（Teach For Taiwan，「為台灣而教」）某次的分享會後。那是我第一次在公開場合提及我的父母。

會前準備的時候，我問自己為什麼要當眾自我揭露：是藉由訴說來自我療癒？是以分享之名讓自己看似與眾不同？或是高舉憤世嫉俗的傲慢，帶著隱隱作痛的恨宣示「我正常得很」？

都不是的。我只是想利用自己走過的路作為素材，力道微弱但堅定地讓在場的人體會，像我這樣背景的人沒有比較高明，也沒有比較不堪，用故事換故事，喚起有緣人心底的勇敢，勇敢地抗拒旁人的異樣眼光。而這樣的抗拒，只為了讓自己更自由一點，更自在一些。

當我在那場分享會中提及「我父母都是思覺失調症患者」時，面對上百名聽眾，我心裡不由自主地停頓了半秒，偷偷地換了口氣——那不為人所察，甘苦自知的半秒，承載著我近三十年的心路歷程。那對我來說像是一種跨越的儀式，就從那時起，我知道離想要的自在更近了。

但同時，那停頓的半秒，為的也是仍存在於我們社會裡，處處可見且天天上演的無知、無情和無理。

下了台，迎面走來一位老先生，對著我便說：「小老弟啊，看你父母這樣，你不是遲早也得發病。你這樣當老師合適嗎？」

我裝作沒聽清楚，希望他能察覺到自己有多無理。「不好意思，你剛剛說什麼，我沒聽清楚。可以麻煩你再說一次嗎？」

自稱是退休教師的老先生可真當我沒聽清楚，再一次當著我的面，探問我會不會發病，質疑我作為一名老師的正當性。咄咄逼人的口氣，聽得出來他那是在譏諷。我明白，像他這樣的質疑很常見，但很多常見的事都不合理，而很多看似主張理性，卻都是令人遺憾的理盲。

我注視著老先生，勉強擠出僵硬的微笑，兩個我在心裡拉扯。理性上我知道該試著理解他的無知，諒解他的魯莽，這樣才有可能化解以眼前這位老先生為代表，不少人的迷思。我也明白「據理力爭」在我們的文化裡顯得傲氣凌人，「含淚澄清」又怕讓人覺得是我顧影自憐，徒然牽動氾濫的同情心而模糊焦點。

在那個當下，我無法正面回應他的問題，因為心裡覺得好無奈、好委屈。感到無奈，因為再怎麼樣我也不想去苛責一個所知有限的人，這個侷限我選擇歸咎於我們的社會和文化，苛責他，對他而言未嘗不是一種非戰之罪。覺得委屈，為了曾經的自己以及在各種社會標籤和歧視下掙扎的人。到底一個人要多努力，才足以獲得他人最起碼的理解和尊重？

又到底為什麼,最起碼的理解和尊重需要一個人費力爭取?

最後我只能草草結束這對話。「我也曾經這樣想過,不和你說了,我趕時間。」

我回他的是實話。曾經有二十年的時間裡,我也在和自己朝夕相處的驚恐中,等待自己終將發病的預言成真。

我曾等待著,自己終將發病……

之所以會有這樣的疑問,是因為我們覺得精神病跟遺傳有關。更精確地說,在一般的常識裡,我們相信思覺失調症只跟遺傳有關。對於這個觀點,一個簡單的回應是:我的外公、外婆、爺爺、奶奶都沒有思覺失調症。

我想,一個比較公允、完整的觀點是:不同類別的精神病,受遺傳影響的程度略有不同,不適合一概而論。更重要的是,不管是什麼類別的精神病,「遺傳」都不是唯一導致發病的因子,在很多情況下,遺傳甚至不是最重要的因子。

在思覺失調症這個範疇裡,各國統計出來的盛行率大概介於百分之〇.三到一.二,也就是說在最嚴重的情況下,每一百個人當中就有一.二個人罹患思覺失調症。雙親之一有思覺失調症的話，子女的罹患率大概落在百分之八到十八；雙親皆有思覺失調症的話，子女的罹患率約介於百分之十五至五十五。

高中時，第一次看到像我這樣高風險者的罹患率是落在「百分之十五至五十五」的時候，心裡好害怕。儘管明白這樣的數據需要更細膩的解釋，但心裡還是不由自主地想著：「那我是幾歲的時候會發病？」

那個時期的我心裡很抗拒去玉里的護理之家探視父母。院區裡數以百計的病友，每一個人都像是在預演我的未來。看著病房裡一張張冰冷的病床，我會想，哪張會是我的床位。夜裡回到租屋處，望著鏡子裡的自己，眼淚掉個不停，我好害怕，我不想要這樣。

現在再看這個數據，倒覺得是齣耐人尋味的黑色喜劇。雖然沒什麼好驕傲的，但要落入「百分之十五至五十五」這個範疇真的很不簡單耶！首先，父母都要是思覺失調症的患者。接著，眾裡尋他千百度之後，他們要結婚、行房，受精卵成功、順利懷胎、順利產子，然後才會有我。哈哈哈哈哈，不簡單啊！

從統計上來看：父母都罹患思覺失調症，曾經活在母親發病威脅中、在社區裡覺得無地自容、在同儕間飽受排擠又深感自卑、在各級學校裡被各種大人標籤為問題學生、因感受不到存在的價值而走了一段荒唐路、半夜裡聲淚俱下不知道能恨誰又該恨誰的我——思覺失調症的罹患率是所謂正常人的十倍。

十倍多嗎？作為一名所謂的高風險者，我想問的是：這個問題重要嗎？我家祖字輩的都沒有思覺失調症，而我父母也都曾經是所謂的正常人，他們不也都發病了？一發四十年。

我想，之所以我父母病了，而我沒有，關鍵的差異是在一個還需要更友善的社會裡，我比他們幸運。

我太幸運了，幸運得很奢侈。

父母無力愛我，但我還有愛我、呵護我的家人，支持和接納我的朋友。很難得地，有給我溫暖的高中老師，啟發我思想的大學和碩士班老師，教育路上的恩師救了我，在我差點被教育體制掐死之前。

當然，我的韌性也救了我。年少時每每看著為病所困的父母，擔心步上後塵的同時，我總是在心裡和自己說：「就因為他們都這樣，我絕對不要發病。」

救我一命的，還有我的任性，我骨子裡從來沒接受過誰對我貼的標籤。曾經我恨，我反抗。現在，我帶著一點點的經歷和體會，練習成為更完整、更自在的自己。

第二次重擊，來自我們

每個人身上多少都有會導致罹患思覺失調症的基因，但基因作不作祟，這病到底發不發，更受到生物、心理和社會等內、外在條件的影響。因為父母的緣故，從小到大我牽過好多病友的手，和他們抽菸、聊天，嘻嘻哈哈的，也和他們的家屬交換故事，一同落淚。

有一次會客，爸爸跟隔壁桌的女病友搭起話來，兩個人你一言我一語，用的居然是挺流利的英文。那位病友的姊姊告訴我：「我妹妹本來是名校的儀隊，前途一片大好，誰曉得聯考完後，整個人就變了。」

還有一次，我和同樣來探視的榮民老伯伯聊了起來，他是來看他太太的。原來他太太是買婚買來的，等婚結了，才發現太太的病。

「那你太太怎麼會病了？」我問。

老伯伯說是她年輕時常被家人虐待，甚至被鐵鍊綑綁。

「那你怎麼不離開你太太？」我又問。

老伯伯只是淡淡地回應：「她也是個可憐人。」

如果，那位病友沒有自幼被雙親虐待；那位病友在高中時沒有遭人性侵；那位病友拋棄了名校畢業的光環；那位病友沒有遭受妻離子散的重擊；那位病友頂過了舊時代的政治恐怖……

誰能告訴我，他們會不會發病。

又有誰能告訴我：如果我是他們的話，我撐得過去嗎？而你過得了嗎？

虐待、性侵、壓迫，還有太多太多看似理所當然的人際互動中，都埋藏著可能的悲劇。太多故事裡的悲劇，在未來勢必仍會上演，但不代表在悲劇裡受難的人只能宿命般地走上瘋癲一途，只要我們的社會更友善。

也許吧，人生的重擊本來就讓很多病友搖搖欲墜，但我常在想：如果我們的社會少點偽善、少點不必要的眼光和不必要的道德戒律，有更多的人性關懷接應這些受重擊的人，他們會不會多一點點走出陰霾的勇氣跟可能？

第一次重擊來自悲劇，第二次重擊來自同為社會一分子的我們——那些視而不見、充耳不聞與看得不清，誤用理性，誤傷了已在受難的人。

同理，起於謙卑

「你會發病嗎？」

當我們這樣質疑的時候，我們以為這一切只跟基因有關，認為瘋癲和正常之間有一條涇渭分明的界線，而我們是站在線的這頭以關心之名，實際帶著各種推敲與臆測，在剎那的唏噓和嘆息後，回到所謂正常人的生活裡。

「我會發病嗎？」

嚴格來講，答案無論對我，或者對你，都是「我不確定」。這個問題絕對不專屬於我，它曾經屬於那些已經發病的病友們，也屬於每一個在這個當下所謂的正常人。

我們都不知道明天會遇到什麼事，也都覺得自己不會出事。我們好習慣唾棄那些自己厭惡的，施捨那些覺得可憐的。這世上尚存有好多好多牢不可破，令人發寒的偏見、刻板印象和歧視。

但我們的社會可以更友善，也需要更友善。不是基於同情、憐憫而發的慈悲心，而是一種因為曾走過人性的幽暗，嘗過生命的脆弱後，起於謙卑的同理。

禁忌與遺傳

我生平第一次知道，原來精神病是會遺傳的。
因為遺傳，我遲早會變得和他們一樣嗎？
誰能告訴我答案？

山上的那間育幼院

如果可以選擇，沒有人會想當壞小孩。
小孩不壞，只是使壞。而回到最初的原因，使壞其實只是因為想要被愛。

小六、國一那兩年，我住在陽明山上的一家育幼院，就讀他們的國小部和國中部。隔週週末的禮拜五，奶奶會穿著讓我很尷尬的七彩洋裝來學校接我回家。如果當週我行為表現不佳，就會被處罰週六才能回家。而就統計上來說，我週六回家的次數壓倒性地多。星期天返校的時候，她會給我剛好夠用的公車錢，輾轉搭公車晃回山上。

剛開始在公車上，常聽到同齡孩子類似這樣的對話：「你先借我『十萬塊』啦！」「那把劍好像要『一百萬』。」我握著手中的零錢覺得好氣餒，想說原來我家那麼窮。直到後來被迫轉學到山下的學校，我才恍然大悟，其實他們講的是「天堂」這款網路遊戲的貨幣「天幣」。

真是天真得可笑，畢竟是才小六的學生。

而天真的小六生在宿舍互相打手槍、口交、肛交，還算是天真嗎？

深夜「濕樂園」

每晚，當舍監睡著後，宿舍就成了我們幾個男學生的「濕樂園」，兩人一組，在窄窄的上下鋪射得爽哉爽哉。

幾次晚餐時間，大家都在餐廳裡吃飯時，清秀的男同學會給我使眼色，我們就草草用完餐，趁多數人都還在餐廳的空檔，回宿舍你儂我儂一下。

這個深夜爽歪歪的活動，在我們進行了一年多之後，東窗事發。

隨之而來的是大人們的關切、同學的厭惡。然而，明明發生了這麼大的事情，卻沒有人把這件事攤開來和我們談。

「噤聲」是最殘酷的處罰，壓得我喘不過氣。

私底下，不管是導師、輔導主任、訓導主任、教官或神職人員，每個找上我的大人不是把我當罪犯，就是把我當病人，只告訴我這樣做「不對」、「不行」……在他們說的一千萬個「不」裡，我不知道自己錯在哪裡，卻要承認自己是犯錯的人；我不懂自己為什麼會哭，卻也沒有人來安慰。

現在我自己有了當國小教師的經驗，並擔任兒少生活輔導員，我問自己：會怎麼看待和處理類似的事？

幾個乳臭未乾的小男孩在宿舍裡玩出水來——我想我會問：我怎麼解釋所看到的？是戴著什麼樣的「鏡片」做出這樣的解釋？

我會努力提醒自己，掌握知識和權力優勢的人，更要小心行事。我得把自己的價值觀、道德感和信仰先擱在一邊，將重心放在推敲行為背後的深層原因：是欠缺性意識的模仿嗎？是同儕間尋求溫度嗎？是性欲及性好奇的初探嗎？……無論何種可能，都不要為了息事寧人而急著定罪。

我會要求自己多換幾副眼鏡，在下判斷之前，先盡可能地充分掌握整起事件的脈絡。我不想因為學生踩到主流的道德禁忌，震碎成年的我們對於童年「潔白、純淨」的美好想像，就一股腦地用有色眼光看待。

你呢？你覺得你看到了什麼，感受到什麼？

鮮血，滲出了同學的衣服……

那時的我和現在的孩子們，前後差了二十年，被對待的方式有什麼不同嗎？

我運氣好，躲在學校暗角哭瞎眼之前，奶奶就讓我回到平地念書。但是，沒有辦法轉學的學生呢？在那個封閉的鐵幕裡，受盡各種標籤跟羞辱而不為人知，或眾所皆知卻無人伸出援手……他們長大之後會有怎樣的自我認同和價值觀？又可能會有怎樣的反撲？我們在意嗎？

事實上，我差點就鑄成大錯。

某天在校園裡，看到心儀的女生和一個同學走在前頭，我加快腳步想湊上去和她搭話，卻聽到那個女生說：「文國士他們好噁心喔，以後我們都不要理他們。」羞恥感逼迫我停下腳步目送他們遠去，眼淚嘩啦啦地直流。對一個青少年而言，沒有比被心儀的女生嫌惡更心碎的事了。

隔天美勞課結束後，和我一起留下來打掃教室的好朋友也加入嘲笑我的行列。印象中那是個冷死人的冬天，大家都會穿很厚重的深藍色大外套，而我朋友開口閉口盡是些影射我和其他男同學互肛的酸言酸語。

前一天的挫敗，今天的譏諷……我徹徹底底地被激到了，理智線一斷就抓起一把美工刀狠狠地劃過他的胸口。

那外套明明很厚，卻擋不住我心中的無名火，血就那樣滲透出深藍色的外套。當下，我被自己的衝動嚇傻了。

精神病會遺傳嗎？

在這件事發生之前，我早就覺得在這間學校待不下去了，走到哪兒都被嫌棄是「酸臭的怪胎」、「噁心的變態」。我苦苦哀求奶奶讓我轉學，但直到這件衝突爆發，奶奶才終於正視我實在無法繼續念下去的事實，答應讓我轉下山。

那時奶奶和朋友通電話，討論要不要把我接回平地念書的事，我躲在房門後頭偷聽。奶奶哭得凶，好像我真的做了什麼讓她絕望的事。她無助地一直問電話那頭的人：「怎麼辦？怎麼辦？」

我感到內疚不已，接著聽見奶奶脫口而出讓我在心中糾結十餘年的話：「國國怎麼會這樣？是不是遺傳到他爸媽的精神病？」

我生平第一次知道，原來精神病是會遺傳的。

會嗎？

因為遺傳，我遲早會變得和他們一樣嗎？

誰能告訴我答案？

是遺傳的宿命？還是失溫的吶喊？

問題學生是被問題纏繞的學生，而不是問題本身。
我們需要的會不會其實是關心，不是擔心；是被理解，不是被標籤。

既然一無所有，不如就撞個粉碎吧

下山念書之後，我享受著解禁般的自由。全新的環境，沒人知道我以前發生過什麼事，也沒有討人厭的壓力、標籤和冷嘲熱諷。自由啊！實在是太自由了。

國二、國三的生活總是從放學後才開始，三五好友廝混在一起，做什麼都好，因為有一群人陪著我，給我所需要的溫度和認同。

路上廝混的青少年，熟悉的身影裡都玩著差不多的把戲。這年紀的我們有著差不多的匱乏，反彈出的叛逆帶來了標籤，於是又加深了那些匱乏……

小混混幹的事如此，大人的反應亦然。現在的我常常提醒自己：「我們對孩子都有超齡的期待，但我們自己卻未必有適齡的表現。」

所謂「叛逆」是大人在說的，我們在乎的只是「標籤」。標籤很重要，愈髒、愈黑的標籤，愈能顯示自己有多「大尾」。

現在回頭看，當然會覺得那時是用輕蔑的口吻掩飾內心的在意。少年時的我不時就對著鏡子罵：「對啦，我就是垃圾。貼啊！幹！你們就繼續貼標籤啊！來來來都來！」

打撞球、泡網咖、抽抽菸也做做愛；騎機車、偷機車，去尋仇也被尋仇；賣光碟、洗假鈔，拉拉K也吸吸膠。警察來了又走，少年隊走了又來，躲在牆角裡，我從急促的呼吸聲中感受、確認著自己的存在。

有一次，朋友給我一包透明的小袋子，裡面放的是白色粉狀的東西。回到家，我依著朋友給的「服用說明」，準備好硬卡片、冰塊，把白粉刷成直線，堵住一邊的鼻孔，再用另一邊的鼻孔把粉末吸個精光。一條、兩條……可是任我怎麼吸都沒有特別的感覺。但不管怎麼說，我還是覺得挺得意的，好像「晉升」到吸毒階級。

現在回看，除了慶幸自己和毒品擦肩而過之外，也在想當時會不會是被朋友惡搞，那包東西搞不好就只是粉筆灰。

另外有一次和朋友們唱KTV的時候，跟另一群少年起了衝突。一開始，我們人多，看著同行的朋友拿安全帽朝對方的頭狠狠一砸，我心裡盡是興奮和恐懼夾雜的快感。但是沒多久，寡不敵眾的成了我們。鳥獸散之後，我躲進拿安全帽砸人的那個朋友家，一進去之後才發現，躺在床上的他，枕頭染透了鮮血，因為他的頭被對方打出了個大洞。

少年的我覺得自己很弱，只有一次鬧到刑警來學校拜訪。同學屌得多，有些會描述他們出庭的經驗，另一些則常常靠杯他們的少保官有多機掰。

在這些被大人貼上了「脫序」標籤的行徑裡，我們是極速過彎的車手，在每次的心驚膽戰中駕馭壓車的恐懼，在每個髮夾彎上害怕又期待失速後的撞擊。

既然唯一感受到的是一無所有，不如就一頭撞個粉碎吧。和世界玉石俱焚，反正世界從來就不少我一個。

「他爸媽是瘋子，你不要跟他玩。」

這些或大或小的荒唐事，當時自然是不以為意，只覺得好玩。但日漸明顯的暴戾之氣，連自己都嗅得出來。

我覺得自己的暴行裡，有父母的影子，而這讓我擔心自己是不是也病了……

有一次，只因為一個好朋友不小心把牛奶倒在我的運動服上，見衣服髒了，我竟然氣到拿滅火器往他的臉上狂噴，噴得他嚇壞了。

另一次，全班嘩啦啦地吵翻天，老師為了讓班上安靜下來，便拿我開刀，大聲喝斥我。偏偏那次我沒怎麼吵，盛怒之下，我舉起椅子便往他身上砸。老師大概也嚇壞了，不知道怎麼回應，便找了訓導主任來把我押走。

還有一次，社區裡的阿姨跟我朋友說：「他爸媽是瘋子，你不要跟他玩。」我氣得在他們店鋪前嘶吼：「誰他媽是瘋子！你說啊?!你說啊?!」我就站在那裡，一直吼、一直吼……

現在回去看這些片段，我會說拿滅火器噴同學的人不是生病，而是在青少年這個階段，有些人本來就比較容易做出激烈過頭，事後連自己都被嚇到的反應。

在學校裡被標籤成壞學生的人因為被誤會而有激烈的反彈，也不是生病，而是委屈和羞辱凌駕了他的理智。

同樣地，因為覺得深受委屈和羞辱，在別人店門口飆罵的孩子也不是生病，他是在求救，只是他不知道可以找誰。

可在當時的每次爆氣裡，不管白天大人怎麼處理我，夜裡唯一陪著我的，是恐慌。

「是遺傳嗎？……」我問我自己。也只有自己可以問。

爆氣最嚴重的一次，起源於一個女同學傳來的小紙條。

那陣子，她和我的好朋友鬧不和，眼見我沒站在她那邊，她便傳了張小紙條來，上面寫著：「你如果再幫那個誰誰誰的話，我就跟全校的人說你爸媽是瘋子！」

我那細到不行的理智線瞬間斷了。好不容易捱到午飯時間，我把她從她們班教室裡吼出來，在學校中庭失心瘋地飆罵她。

「說啊！你現在就說啊！你現在就跟大家說我爸媽是瘋子啊！幹你娘你說啊！」

中庭擠滿圍觀的學生，大家都聽到了。

訓導組長朝中庭大聲喊著，要我們兩人去訓導處。驚嚇過度的她淚流滿面，怒火中燒的我則惱羞成怒。訓導主任看到這場景——貌似無辜的女孩對上訓導處常客男孩，對他來說，什麼都不用問了。他劈頭就對著我破口大罵，大聲訓斥我。

被這麼一罵，我實在是氣不過，心想：「為什麼你們這些大人總是這樣對我？為什麼錯的永遠都是我，我到底錯在哪？」

我衝向訓導主任，一心想把他打死。但一不小心手滑，被他壓制住，把我的手反折，痛得我唉唉叫。可我寧願痛死也不願意道歉，不管是對那個女生還是主任。

事後，校方找來奶奶，逼我寫下悔過書。這是永遠的SOP。

當然，女孩跟主任都沒跟我道歉。

我好氣，覺得世界欺我太甚。我滿肚子不平地想：我向你們道歉，誰跟我道歉？學校裡沒有任何老師懂我的委屈和恐懼，大家只覺得我是「問題學生」。

心裡的暴怒鬼，我好怕……

面對火爆的那個自己，我只能在四下無人的時候暗自哭泣。我不知道可以找誰傾訴，又有誰願意跟我聊。就算有，我的坦露會不會讓我看起來很像怪胎？畢竟別人的父母好像都不是瘋子……我隱隱約約地害怕著，好懼怕藏在心裡的那個暴怒鬼，卻只能假裝一切都好。

我其實不知道到底發生了什麼事，我可以怎麼辦。

長大的我，和奶奶唯一的合照。

只能回去朋友堆，回到我的認同裡。

國三時的某一晚，我跟幾個朋友在家裡抽菸、喝酒加打屁。不曉得鬧到了多晚，奶奶輕輕地敲我的房門，卑微地提醒我：「時候不早了，該睡覺了。」

她的舉動無疑是當朋友的面羞辱我，讓我面子掛不住。

「我爸媽都瘋了，我交朋友還要你管啊！」我死命地瞪著奶奶。

被我這麼一吼，奶奶無聲地退回她的房間。過沒多久，她房裡傳來陣陣的鬼吼聲，還有用頭撞牆的聲音。就像我不知道怎麼面對她一樣，她也不曉得怎麼面對我。

我們都不知道該怎麼面對這個家。

每次想到這段往事，心裡都好痛好痛。我心疼自己，更心疼我最愛的奶奶。

我沒辦法苛責當時的自己，那時的我就只能用那樣的方式來表達、發洩。但如果時間能倒退，假如人死可以復生，我會握著奶奶的手，看著她，說著我來不及說出口的話。

「親愛的奶奶，對不起。你知道的，你是我最不願傷害的人。對不起。」

好險，我終究沒錯過我的人生

嘿！那些在我跌跌撞撞的路上，曾經把我標籤成問題學生的大人們，多數的你們錯過了我，也錯怪了我，但好險我終究沒錯過我的人生。

我想和你們分享我一些些的體會和懂得。我想說：問題學生是被問題纏繞的學生，而不是問題本身。我們需要的會不會其實是關心，不是擔心；是被理解，不是被標籤。

回到國中的時候，我真的好怕好怕喔！不是怕被標籤，不是怕變壞，是怕自己變得跟爸媽一樣。

過往的種種，我現在看懂了。我是在掙扎，在泥淖裡等著你們扶我一把，擦掉我臉上的爛泥，慢慢陪我走一段。

【爸爸的被害妄想症】

斷裂的永恆

爸爸今天會客時的神韻很不尋常，渙散中略顯躁鬱，任我再怎麼喊他的名字，他的眼神始終都難以聚焦。那不尋常的神情是我熟悉的、小時候知道他快要發病的警訊，告訴我該離他遠一些。

但我現在不怕了，只是擔心。

我想知道是什麼在纏著他。

坦承「罪行」

「爸，今天還好嗎？怎麼看起來心事重重的？」我輕聲地問著。四處張望，焦慮不安——他像個剛犯完案的小偷一樣在確認自己是安全的，沒有警察要來逮捕他。

我摸摸他的背，替他點上一支菸，看他焦慮地大口大口吸著。

「怎麼了？想和我說嗎？還是……這邊不方便談？」雖然正午當頭，院區裡根本沒別的人，但他要是真覺得不安全，我想我就不再逼他了。

「我得罪了本省人。」可能是抽菸起了點寧神的效果吧，他好不容易吐出他的犯行，整個人輕鬆了點，也終於和我對上了眼神。

「是喔。發生什麼事了？嚴重嗎？」

這是我對自己一貫的要求，只要我自己狀況允許，我希望每當他說自己得罪了本省人的時候，我都要把他的話當一回事，當作是第一次聽到，雖然這可能是我第九萬四千八百七十二次聽到這種自白。

當然，我可以這樣回應：「是你想太多了啦！」「誰沒事會把你看得那麼重要啦！」但我總覺得他要是真聽得進去，真能想得開，這輩子可能就不會這樣了。所以我想，與其要他否認他自己的感受、看法，倒不如當一回事地聽他訴訴苦，這樣至少能讓他因為被聽見而有機會舒坦些。

「跟我說說，你是怎麼得罪他的？」

「有一個本省人的病友冒犯我，他問我『呷霸沒』。」

語畢。

他一副「剩下的你應該可以心領神會」的樣子。但我不懂啊！不就是一句日常問候語嗎？

「啊？就這樣？這有什麼好冒犯的？」

原來在我爸成長的年代，三餐溫飽大不易，他小時候家境雖然不富裕，卻不至於挨餓，因此當那位本省病友問他吃飽了沒，他覺得對方瞧不起他，於是回敬對方三個字：

「劣根性。」

「這樣子啊，那錯的人是你啊！誰教你那麼沒禮貌，人家可是在跟你示好，是你太自命清高了。那對方聽了之後有對你怎樣嗎？」

「沒有。他好像沒放在心上。」

人家又沒放在心上，你有必要為此心神不寧嗎？本想講幾句話揶揄他，但在好氣又好笑之間，打消了念頭。

爸媽讓我學會的事情之一，就是不要自以為是地認為別人的想法是荒唐的、別人的感受是虛假的，這都是旁觀者或者所謂正常人的傲慢。只要當事人這樣想、這樣感覺，哪怕在別人眼裡無足輕重到滑稽可笑，對他自己來說都是真實存在的。

想到這裡，我好像開啟了教師模式，想著該怎麼樣修復爸爸和那位病友的關係。「那你覺得我們可以怎麼辦呢？還是我們跟他道歉？不管再怎麼說，這都不是太嚴重的事，加上你自己說對方沒有太當一回事。慎重其事地道個歉，再買幾包菸送他，事情就結束了吧？」

爸爸揮揮手，一副我在狀況外的樣子，略顯不耐煩地說：「他不會記得的啦！那麼久之前的事了。」

「是喔。多久啊？」

他很認真地回想了一下，回答：「大概五、六個月前吧。」

……

傷，在不知不覺中形成

我決定拉回這次來看他想跟他聊的話題，老聽他說李安是他同學，我想多了解他念書時的事。

「爸，這幾年來我當老師，想了很多關於教育的問題，也讓我對你學生時期的事感到好奇。關於當學生的事，你記得有什麼啊？」

「我南一中畢業的啊！李安是我同班同學，我都考全校第一名，他都是全班最後一名！」第九千三百八十四次非常得意忘形地在消費李安。

「李安是你同班同學這種事到底要拿出來說嘴到什麼時候啊？除了李安，你高中有點別的事可以講嗎？」我決定鬧鬧他，同時也刺刺他。

他又得意忘形了。

「我一千五百公尺跑全校第一名，校長親自在全校面前頒獎給我。校長就是李安的爸爸！」

「又是李安！好無聊喔。有別的嗎？」我有點不耐煩了。

「當然還有啊！我在成功高中念高三的時候，英語會考考了全校第一名！」好一個志得意滿，配上炯炯有神的氣勢，他這下可拿翹了。

「是啊，你就不提轉學考沒上建中的糗事。」我故意挫挫他的銳氣，沒道理讓他一直打順風球。

「是啊……很可惜。」皮球的氣洩了不少。

「那時候的心情怎麼樣？」

「覺得自己很沒用啊！我是南一中全校第一名耶，來台北居然才考到第三志願，連附中都沒考上。」沒氣了，被自己兒子將了一軍的皮球被壓得皺巴巴的。

我心裡其實很感慨。爸爸不是名將，但科舉思維和對自己的鞭策，反讓他成了萬古灰。不是對升學制度的針砭，那是另一回事；也不是想把他發病的原因全賴給學校教育，那就像單單把精神病解釋為基因和遺傳問題一樣，都是過於簡化的粗糙謬誤。

這個當下，我有的只是對一個生命的不捨。他曾是如此地力爭上游，一心想鶴立雞群，以致內傷而不自知。

但他倒是重整旗鼓得很快。「可是啊，我高中聯考的英文考了一百分！」又來了。

頓了幾秒後，他有點心虛地補上一句：「其實只有八十九分啦。要不是我看錯題目，真的就是一百分了。」

那種表情我很熟悉，那是學生嘴硬的臉。

我白眼翻到了後腦勺。「少在那邊找理由啦！我們班學生考試沒考好，也都說是題目沒看清楚。你怎麼不乾脆說是題目印得太模糊好啦！」

只見他笑成瞇瞇眼，習慣性地搓著那顆大平頭，大概是在想兒子怎麼那麼不給自己台階下。

這場病，拖垮了他的一生

關於爸爸學生時期的故事，聽了太多盡是他循規蹈矩、好學不倦的印記：用一堆我聽不懂的化學式，解釋著他高中是怎麼把鐵變成炸彈的重大發現；《國父遺訓》和儒家經典倒背如流；連大學時期看《變形記》的讀後心得，都摺英文跟我分享……

有時我會想：為什麼這個因病被電擊過無數次，又吞下無數粒精神藥物的人，可以那麼清晰、那麼細膩地敘述記憶中學生時期的種種，而那些幾乎全都是科舉思維下的風光。

這是因為他也是個人，跟我們一樣對成功有所期待，有所需求。而在他六十多年的生命裡，有四十餘年都為病所困，就如同他自己常說的：「這場病，拖垮了我的一生。」

那些刻印在他腦中的風光，是他自覺此生最耀眼的成就。他感受到的成就是真實的，從他分享時的風采我知道，它們曾帶給他踏實的滿足和自信。

那時的他，只是個頂著名校光環的高中生，生命的歷練還來不及讓他體會到光環本身也可能是種華麗的囚禁，禁錮了人的心靈和行動，他怎麼可能輕易地覺察出自己正在登峰造極的路途中，搖搖欲墜。就算有所察覺，所處的環境和自尊，也不允許他向人透露自己的情緒或者示弱。

也許在升學的漫漫長路上，曾有人發現異狀，也曾有人試圖拉他一把，只是他對此隻字未提；又或許從沒人發現。一個在名校裡全校第一名的學生，有誰會覺得有什麼問題。我們到現在不都還困在成績至上的窠臼裡？

讓我心疼又納悶的是，在他追求那些成就的競賽過程中，是不是也暗藏著日後發病的蛛絲馬跡，讓他的餘生成了斷裂的永恆。

這段「餘生」，我說的是四十年——自傷和傷人，吞了一堆精神藥物，跳躍於現實和虛境之間，囚在醫療院所，而至今尚未結束的四十年……

PART 2 愛恨重擊的青春

善的養分

對於一個遊走在常規邊緣、被標籤為「壞小孩」的青少年來說，善的養分可遇不可求。
好好長大，其實是需要運氣的。

善惡交疊的「小綿羊」

國中畢業的夏天，天很熱，我的血更熱。
騎著用人生第一份薪水買來的五十西西改裝「小綿羊」，沒頭沒腦地在大街小巷亂竄，震天響的排氣聲，刺耳又沒格調。車速明明不快，但身為自以為是的賽車手，雙腳當然要架在後座的腳踏墊上！挺身、壓車、過彎，再挺身、壓車、過彎——直到一大盆水從天而降，正中我的車身，很明顯是有人聽不下去了。

青春期的耍帥，總是有點掉漆。

可惜「小綿羊」和我的緣分，就停留在這年夏天一次和警察的追逐之中。騎著警車的大叔追了我差不多五公里遠，我一路狂飆，闖紅燈、閃過幾輛汽車，大叔始終追不到，但漸漸地我發現後照鏡裡他的身形愈來愈大……我的油箱沒油了！

大人眼中不長進的屁孩，用叛逆的儀式宣告自己脆弱的獨立，展現自己失色的光芒。兩萬八千元買進的「小綿羊」是我的戰駒，但不是我駕馭它，而是戰駒堅硬的外殼包裹著一頭有點叛逆、有點受傷，善惡交疊的小綿羊。

那隻綿羊，是我。

藍姊姊說的，我願意聽

兩萬八千元是這個暑假期間，我在冰店打工賺來的。我永遠記得冰店裡，有位姓「藍」的大姊姊，她提醒了我一件事：「**善良**」。

某天晚上我和她一起值班。打烊前，我們各自例行性地收拾著，小偉在這時候出現了。小偉和我是一起廝混的玩伴，偷機車、賣光碟、吸毒等等，都是他教會我的。這天晚上，他帶著五、六疊的五百元紙鈔，半炫耀地喊我小名，誘惑著我，「小狗，等你下班之後，一起去夜市洗錢啦！」

我正為了剛買沒多久的「小綿羊」被偷走而懊惱，心想：兩個月辛苦賺來的機車被幹走了，那筆錢搞不好跑幾趟夜市就回來了。這真的是很誘惑人的邀請。

藍姊姊在一旁看著，沒說話，直到小偉離開後，她才開口。

「小狗，不是不能混，但是要混就混大的。像小偉那樣，永遠就只會是小嘍嘍，當別人的跟班。」

跟藍姊姊雖然才認識兩個月，但可能我從小孤單怕了，心底總盼著有哥哥、姊姊，再加上她總是很關心我，那些日子她的存在讓我覺得自己好像真的有位親姊一樣。這番話要是換個人來講，我肯定會覺得是挑釁，踏到我不容侵犯的自尊心，但是藍姊姊說的，我願意聽。

「然後你自己想想看，你是那種很有背景的人嗎？你有的就只是年事已高的爺爺、奶奶而已，憑什麼跟人家當真正的老大？最多就是被人利用的小混混。」藍姊姊很認真地分析給我聽。

簡短的一段話，對我來說卻是深刻的提醒。不是了悟了什麼道理，也不是認清了什麼事實，而是我在心裡感受到她話裡的在乎。

這個人在乎我。

當然，身邊有對我不離不棄、極度包容的親人，但是對於像我這樣的青少年來說，外圈湧進的暖流，更容易將情理帶入心中。

藍姊姊的溫情，提醒我要抓住自己心裡的善根。

小偉的約，我沒赴。

如果把「小偉」當作代名詞，就從那次之後，有些人、有些事，我開始漸行漸遠。不是好壞之分的疏離，後來「小偉」去了何處、又成為怎麼樣的人，都不是我會去評判的。只是我心裡的「善」在提醒我，有人正愛著我，我不想讓他們失望，雖然我還不明白自己想要的到底是什麼。

改變人生的公車

帶著這種似懂非懂的心境走過暑假，我進了高職念書，入學前在後腦勺剪了一個大問號的髮型，成了名副其實的「問題學生」。

說起來，這個問題學生在高職的表現沒什麼太大的問題，一切一如往常。偶爾專心上課，多半的時間都泡在撞球場和網咖，晚上就騎機車跟朋友夜衝五指山。每個禮拜四是實習課，我去了一、兩次覺得無趣，之後週四索性就不去學校了。

對我來說唯一的問題是：隱隱約約地，我不知道自己每天為什麼要起床，內心感到極度空虛。

某天下午，和好友在等公車，我們正聊到生活好無趣，每天都不知道在幹麼時，一班公車停到面前，車身上打著重考班的廣告。我盯著廣告，對朋友說：「幹，我才不要一直這樣下去！」

這是我決定重考的起點。但真正讓我決心要改變的並不是谷底反彈的偉大覺醒，而是懵懂的愛情。

看到重考班廣告後隔幾天，我搭上了一輛改變我人生的公車——在車上，我遇見了W女。

認識她之後，我常在想，她是普通高中的女生，而我卻只是高職生，站在她旁邊總覺得矮了一截。我不想這樣。為了愛情，我要改變。

我要追她。

我要考附中！

多麼傻氣又戰鬥力滿點的動機啊！就為了她，我離開了念不到一學期的高職，進了重考班。一年過後，我如願地和她交往，也考上了另一間「ㄈㄟˋ」中——台北市立復興高中。

在那段送早餐給她、陪她等公車，牽牽小手、蓋棉被純聊天就覺得幸福到不行的年歲裡，她的懷抱讓我感受到熟悉的安穩，像小時候倒在奶奶懷裡一樣。

有一次，在厚厚的棉被底下，我縮在她的懷裡，就在快睡著的時候，我很自然地說了一句：「我是你的。」脫口而出的話卻把我的睡意都驅散了，那種想把自己交給她的依賴感讓我覺得幸福，卻也教我恐懼……

是因為自己一方面渴望穩定關係，一方面卻也怕那段關係和我爸媽跟我之間一樣，不能依靠嗎？

歸屬感，滋養我日漸荒蕪的善根

從國中畢業到進復中念書，不管是藍姊姊的溫情，還是和W女的愛情，都讓我感受到被在乎、被需要。

青少年本來就在家以外的地方尋找認同感，而特別是像我這種覺得自己沒有家的孩子來說，藍姊姊和W女的出現，提供很即時的歸屬感。那些歸屬感是我很重要的養分，滋養著我日漸荒蕪的善根。

在那荒唐少年時，這種善的養分是觸動心靈的連結，但是對於一個遊走在常規邊緣、經常被標籤為「壞小孩」的青少年來說，如此的連結顯得尤其可遇不可求。這些孩子們需要特別多的好運，才有機會在一次次的觸動裡慢慢蛻變。

好好長大，其實是需要運氣的。

關於鬆手

原本我覺得痛苦都是我在承受，但在那當下我明白了，她也在受難。我們只是負重的形式不同，然而，本質上是一樣的。
有些時候，真的只能輕輕放下。

質疑

「你外婆是很強壯的女人。」奶奶是這樣跟我描述外婆的，她也只這樣跟我描述過外婆。

「外婆」這個詞對我來說好陌生，就好像要查字典才能略懂它的意思一樣，因為我的外婆從沒出現在我的生活裡，她存在於那遙遠的大海彼岸，無聲無息。

小的時候倒不以為意，反正有奶奶當我的天就好。直到上了高中，當我逐漸迷惘於「我是誰」的時候，才開始萌生想認識外婆的想法——帶著一點期待、一點不解，以及一點怨恨。

聽說外婆家那邊是個大家族，所有的親人都散居美國各地，這讓孤單長大的我期待熱鬧，期待被親情簇擁。

但更多的困惑和埋怨，才是我想聯繫外婆的主因。我想問她：

為什麼你在美國，她在台灣？當初你為什麼要走？又為什麼不把她帶走？

她發病的時候，你在哪裡？

我奶奶被她摧殘的時候，你在哪裡？

我內心四分五裂的時候，你在哪裡？

憑什麼你不用面對這一切？難道她不是你女兒嗎？

說是聯繫，但我骨子裡根本只想興師問罪，一張A4紙上，條列的盡是我寫下的各種罪狀，等外婆一一「認罪」。這是一場無須調查、無須審判的案件，我所經歷的一切就是罪證。我恨到不屑她的道歉。我需要她親口對我承認她的犯行，要她承受我的指責和怒罵。

外婆的眼淚

醞釀了十七年，終於下定決心要聯絡這個我原本應該熟悉的陌生人。

然而，電話撥了又掛、掛了再撥……好幾天裡面，我來來回回了數次，始終因為焦慮而作罷。我怕自己表現得不夠恨，但又怕恨得太狠。覺得自己太矛盾，更氣自己居然對她心軟。

「不用對她心軟，她不值得！你也不用那麼偽善。」我對著鏡子裡的自己說。

最後，我終於撥通了電話。那斷了十七年的線接上了。

接起電話的正是她。

「你好，我是國國。」我刻意壓平聲音，心裡有點擔心對方不知道誰是國國，畢竟就像我不認識她一樣，我想她很有可能不知道我是誰。所以，我補了一句：「你大女兒的兒子。」

「啊——是國國！是國國！是國國！」

不曉得是不是我的話讓外婆聯想到什麼樂透號碼，從那聲「啊——」開始，她就表現得像中了頭彩，興高采烈地劈里啪啦講個沒完，一下子跟我介紹我在美國的親戚們有誰、叫什麼名字、做著聽起來如何如何了不起的事情，一下子又問我現在幾歲了、幾個女朋友啦、對什麼有興趣……總之，就是很熱情地跟我說著我不感興趣的事。

那不是我打電話過去的原因。

我是來算帳的耶！這劇情不太對。

我超尷尬的。那種感覺很像是你氣沖沖地拿著球棒去尋仇，到了仇家那裡按了門鈴，走出一位滿臉慈祥的老太婆，熱情地拉著嗓門請你進去坐，接著親切地為你奉茶、問你冷氣還可以嗎之類的問題。我這股氣要怎麼生下去?!

外婆她——有點過分熱情的外婆，就這樣滔滔不絕地一直講……少說也有十幾分鐘，完全沒留隙縫讓我問問題。

終於，她停下來了。但她停了好久。我吞吞口水，心想：我是不是該說些什麼打破這個靜默？

突然她哭了，是在啜泣。我吐了口好長的氣，不知道該不該說話，又要說什麼。

啜泣愈來愈大聲，變成放聲大哭，她哭得泣不成聲。

「國國，對不起……」外婆說。她哭到無力說出完整的句子。

我不忍再聽她的哭聲，把電話拿離耳朵，暗自嘆了口氣。

我們都是負傷的人

好像都要在別人的悔悟中，我們才想起彼此都是負傷的人，才能找到鬆手的理由。

原本我覺得痛苦都是我在承受，但外婆的哭聲讓我明白，她也在受難。我們只是負重的形式不同，然而，本質上是一樣的。畢竟家中有這樣的病人，有誰不識那愁滋味。

這通電話對我很重要，是我在自己的生命裡第一次體驗到，有些時候，真的只能輕輕放下。如果這次對談是面對面的，我想我會抱著外婆好久好久，什麼都不說，什麼也都不必說。

幾年後得知外婆辭世，也宣告了這通電話是我和外婆此生僅有的交集。

曾經我不敢去談；但現在我明白了，去談它，才能帶給自己、他人，同在的力量。

【她發病的原因】

哪裡尋找你的來時路

媽媽和我之間近乎不認識的「母子關係」，幾乎全都環繞著她的這場病。她因為發病而缺席了我的成長，對我一無所知；而我，也因為她的病，對她的一生所知有限。

但我知道，她的個人生命史不應該只被簡化成一位病友的病史，即使在發病的這數十年裡，病態的那面也只是她整個人的一部分而已。

有些時候，我會想更完整地認識這個人，從不同的視角了解她不同生命階段的點點滴滴，並從她各個生命歷程中的重要他人那裡，拼湊對她的認識。

想這樣做最主要的理由，無非是期待藉由更多元、更廣角的途徑，觸碰她的生命脈絡，進而找到原諒她的理由吧！我所擁有的每一分理解和同理，都有助於在往後日子裡和

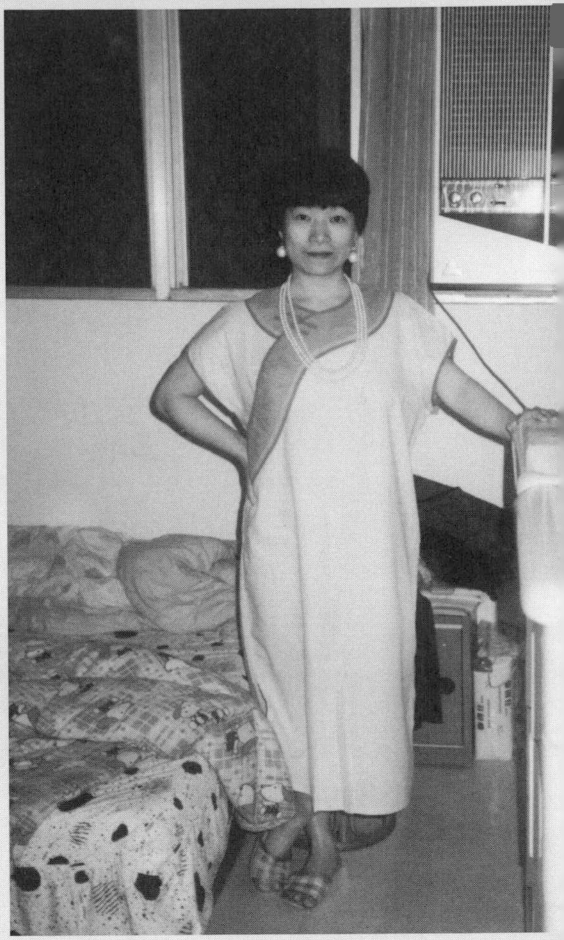

她的相處。

本來，從她那邊的親人可以探聽到關於她的過去——她的童年、青春，以及讓她發病的可能原因，但他們老早就移民美國了。和外婆那方的家人長期失聯，斷了我閱讀媽媽生命故事的重要管道，而她又不像我爸那樣，對自己從小到大的一切能夠毫無保留地侃侃而談。

成年之後，有幾次我曾試圖和她聊她的過去，但她提到的永遠都是：

「我是台大中文系的榮譽博士生啊！」

「我是日本天皇的私生女！」

我的「身世之謎」

關於媽媽那些我沒參與到、卻又間接影響著我的過往，我手中僅有的一丁點線索，就剩下小時候她常跟我說的那個「天大的祕密」。

和她住在同一個屋簷下的那幾年，她會在四下無人時，叫我進她房間，確認門上鎖後，偷偷地向我揭露我的「身世之謎」。經過不嚴謹的統計，在我升小學之前，已經聽了這個祕密八萬四千七百六十三次了。

「國國，我跟你說喔！你聽好了。小寶（我爸的小名）其實不是你的親生父親。你真正的父親是黃義交！記住，是國民黨很帥的那個黃義交。另外就是啊，除了你之外，我和義交爸爸其實還生下了三胞胎的兄弟姊妹，他們都在美國，等我們脫離危險之後，再讓你跟他們相認。」她永遠是一本正經地和我說這些。

講祕密本來就是很好玩的事情，特別是對小孩來說，再加上這個祕密居然是我有另一個爸爸和一票兄弟姊妹！小時候都是自己跟自己玩的我，聽了真是太興奮了。每次聽她說完的那幾天，我都活在有朝一日可以跟兄弟姊妹們一起玩耍、一起洗澡、一起睡覺的想像裡。但，這美夢從未實現。我沒有其他的兄弟姊妹了，而黃義交也不是我爹。

現在回想起來，她那段說不膩的痴人夢話，已是我跟她此生最親密的互動了。她說著那些話時，是童年的我少數幾次可以卸下心防聽「這個人」說話、正眼看「這個人」的時候。

性侵

當我又長大了一些，她被送進了玉里榮民醫院，而我也漸漸淡忘了那對「三胞胎」的事，直到十幾年之後，才又在奶奶跟別人的談話中想起這件事。電話這頭的奶奶不知道對著誰說，高中時期的媽媽，某晚走在回家的路上時，被幾個人拖進了暗巷裡性侵。

當「性侵」這個詞和她連結在一起的時候，我反射性地就想到三胞胎的事。我曾經在想三胞胎的事情，是否能當作她曾如此不堪地被撕裂的佐證：三胞胎的妄想，會不會是她用一種美化的詮釋，來掩蓋重到讓她倒地不起的創傷？如果是，那除了性侵之外，她究竟還跌進過哪些人間煉獄？有發生過更不堪、更令人心碎的殘暴嗎？

我想在現實裡認識她發病前的人生，也嘗試解開她發病的原因。我仍然想知道她曾經承受過哪些遭遇，而那些遭遇又是怎麼打擊著她，讓她心智崩壞，走上瘋癲一途。與此同時，她人生的其他向度，我也想有所了解。

至少，我想知道關於母親背後的那個「家」。

【他發病的原因】

時勢造什麼雄

時勢……

造英雄。但從來也就不只是英雄。時勢是一條輸送帶，拉出一道長長的光譜，從輸送帶中心朝相反的路徑射出光芒，各自通往「成功」和「失敗」的極致，而在通往極致的漫長路上，每隔一段距離，就會有或多或少的人被安放在特定位置上。放在頂端的，少而顯眼；放在谷底的，多而不顯。

我們讓自己看起來很努力，或者事實上真的很努力，但那都無關緊要，因為我們都站在輸送帶上，依賴著時勢決定值得大家努力的方向、方法和成果。就算你再努力，如果不合乎期待，就只是在加速毀滅而不自知罷了。不合時宜的人，一開始就走錯了方向。

就像我爸爸。

第一次發病

我爸年輕的時候長得帥，是運動高手，讀的又是明星高中，我猜在他發病前，多數人都會覺得他走在邁向成功的道路上。

有一次會面，我和他談到了他第一次發病的記憶。

「爸，你第一次發病是什麼時候？」

「當兵的時候啊，那時候開始有很多的妄想。」

「妄想啊……譬如說呢？」

「我的『世界大同黨』啊！這你還不知道嗎？我想把全中國依照……」

像過去的無數次一樣，爸爸開始把他的「大中國藍圖」依照他自己的秩序重新劃分。就像玩「模擬城市」遊戲，把一切打掉重練，他自己當領袖，決定他的國家該有的樣子。

在他這個十幾年來我聽過上百遍的政治妄想裡，我想搞清楚的是在什麼樣的脈絡下，想創建政黨竟然成了一種原罪。

「好吧，你覺得是妄想就是妄想，但思想無罪嘛！再說，妄想不就是一種天馬行空嗎？幹麼覺得自己有病？」我繼續問。

「別人都說是病啊！」他有點無奈地說。

「別人是誰？」

「從班長、輔導長到連長都這樣說……」

那是他當兵的時候，民國六十幾年吧，尚在戒嚴時期。

有一天，我爸看不慣全連都在跟國父遺像敬禮，他覺得這種偶像崇拜的事情很不可取，讓老百姓看不清自己被權貴玩弄。於是乎，憤憤不平的他就在全連面前大喊：「為什麼要拜這個死人像？」隨後開始宣揚他的政治理念，宣傳他的「世界大同黨」。

還有一次，全連一起在唸不知道是孫文還是蔣中正留下的什麼，讀著讀著，爸爸竟然發表起自己的高見，數落這兩位先生的種種不是，接著又在全連面前把他自高中以來讀過關於共產黨的禁書內容拿出來扯。毫無意外地，當然也談起他念茲在茲的「世界大同黨」。

每次聽他講這些往事我都覺得：「你這人是腦袋有洞嗎？怎麼會在那種時空環境下講那種東西？」真不知道是憋不住了、太傻了，還是殉道精神氾濫。也或許他的心真的是病了？

「你真的是有問題耶，哪有人這樣幹的啦！瘋了嗎？」其實這揶揄是帶著對他的深深心疼。「之後呢？之後發生什麼事？」

「班長就說我講的都是胡言亂語，說我思想有問題啊！」

「所以你就信了？因為班長這樣說？」

「當然不是。我就問班長：『我為什麼不能這樣想？』我跟他說我只是想想而已，又沒像蔣中正一樣打打殺殺的。」

他說的挺有道理的。但或許以當時的政治氛圍來說，他講的是「太」有道理了。

「你說的聽起來滿有道理的耶！」

「可是連長不這樣想啊！」

連長先是把我爸爸關禁閉，對他做身家調查，發現我爺爺是搞廣播、電視的，奶奶是政工幹校第一期的上校，判斷家世部分沒有問題，而有問題的是他的「腦袋」——於是他就在當兵的時候被關進國軍八一八醫院長達一年半，接受了各式各樣的精神治療。

我想就算當時他確實有「精神異常的徵兆」好了，民國六十、七十年所謂的「精神治療」，大概也不是立基於人本精神的關懷，而是在鐵幕背後想方設法地從生理上徹底癱瘓一個人。透過餵藥、注射、電療等等的「醫療處遇」，使一個主流視角下的「病人」變成廢人，讓他對社會無害。

提到當時的治療方法，爸爸說：「最主要還是吃藥啊，每天都吃好多好多的藥，吃得昏昏沉沉的，整個人都沒什麼精神。但是啊，那些藥真的是有效。」

「怎麼說有效？」

「藥一吃，整個人就安靜下來了啊，這樣子才不會做錯事。」

吃藥、安靜、昏沉沉、不會做錯事……聽他說著這些，我在想：我爸爸的生命故事會不會是整個時代的瘋狂史？在瘋狂的年代裡，有些人被貼上「瘋子」的標籤，好讓另一群真正瘋了的人或明或暗地瘋狂。

而兩種瘋狂的差異，會不會其實並非基因或者是與非，而是擁有權勢與否。握有權勢，就可以詮釋一切。

有些時候，病的或許是社會？

其實關於爸爸發病的大小事，我從小便聽他說了許多，但就像讀同一本書一樣，不同時期讀，總有不同的感受和理解，彷彿對著書來看自己的變化吧。

國、高中的時候聽，只覺得他生不逢時，晚生個十幾年，也許他就不會生這場病了。但當我漸漸大了，對我們的社會和文化稍有體悟後，才發現自己想得太天真了，這仍是個瘋狂的年代，爸爸發病的過程，在數十年後的今天仍以不同的形式天天上演。

這次再聽他重述當兵的際遇，內心很有感受，覺得頗沉重。

時勢是英雄的舞台；舞台下是千千萬萬躍躍欲試的我們；再往下一點，下到那最黑、最不為人知的底部，則是負傷狗熊苟延殘喘的地方。

我們不往下看，因為我們只想登峰造極。又或者，我們刻意低頭去看那些跌落谷底的，讓自己好過一些。

同一件事，我們永遠可以從不同的角度去看。幾十年下來看著我爸媽、看著醫院裡的病友們，我深刻體認到：有些時候生病的是社會，發病的卻是這個社會眼中的「他們」。

如果我們的社會更友善，那麼為精神疾病所困擾的人，一定會減少。一定。

這是我國中時，攝於榮總花蓮玉里分院。

每個孩子都需要的電話

他讓我感受到的永遠是「關心」，而不是擔心。
關心和擔心僅僅一字之差，
卻足以讓負傷的抑鬱少年決定要心開，還是心關。

鐘新南，我生命中第一位重要老師

每顆武裝的心，都在抑鬱中等待被溫柔地看穿。

高二時，邀請班導鐘新南一起去探望我爸媽，是我第一次和家人以外的人去玉里。對我來說，這是個邀請——邀請他成為我的「重要他人」。我想讓他更認識我。

這個在他二十八歲、我十六歲時，接了他生平第一個導師班的男人，是我人生中第一位出現的重要老師，和他才短短不到兩個學期的相處，我的心牆已被他融化。

自從鐘新南和我去了一趟玉里後，他似乎更能體會在我放蕩不羈的外表下，我的煩惱和哀愁。

某個週一早上他見我週記沒寫，又鬱鬱寡歡地趴在座位上，便蹲在我身旁，輕輕地拍拍我的背，問：「喂，你週末去玉里看你爸爸媽媽喔？」我沒回應。

見我如此，他不是選擇離開，而是在我旁邊陪著，告訴我，自從陪我去了一趟玉里，他注意到只要我從那邊回來之後，情緒就會變得很低落，最後，他對我說：「你還好嗎？到現在你應該知道吧，我隨時都在喲，有事不要悶著。」

完全被他看穿了。我仍低著頭，不想讓他看見臉上的淚痕，卻在心裡回了聲：「好。」

「你會掉淚，表示心還沒死……」

鐘新南是怎麼辦到的？他讓我感受到的永遠是「關心」，而不是擔心。

關心和擔心僅一字之差，那個天差地別卻足以讓負傷的抑鬱少年決定要心開，還是心關。從小學、國中到高中，一路上遇到的大人都讓我失望，就像我令他們失望一樣。他們眼中的好，我做不來，而我對於被理解的渴望，他們給不起。

兩相對照之下，對於心思細膩又過分敏感的我來說，鐘新南是一個我無法定位的大人。高二、高三那兩年，每每我寫週記敷衍了事，他就用溫情給出滿滿的文字，輕聲喚醒我。

我抽菸，他不威脅我要記過，只問我：「這樣能讓你不孤單嗎？」

我飆車，他不唸我把生命當兒戲，只問我：「這樣烏雲甩得開嗎？」

我亂花錢，他不怪我不懂家人賺錢不易，只問我：「這樣讓你覺得與眾不同嗎？」

我蹺課閒蕩，他只對我說：「找不到自己的時候，記得，我在學校等你。」

高二時的某次段考，我不知是拜對了哪尊神，竟然考了全班第三名！第一個念頭就是想把這個好消息告訴爸媽，就像所有的孩子那樣，可是下一秒我立刻醒了——我的父母親跟其他人的爸媽不一樣，他們不會恭喜我，不會親愛地擁抱我，他們不會懂得我的喜悅，為我多驕傲。

憋到了午休時，我躲到空無一人的走廊上，低聲偷哭，鐘新南走了過來，對我說：「狗爸，恭喜你……眼淚的故鄉是一顆柔軟的心，你會掉淚，表示心還沒死……」說著說著，他也哭了。

對年少時的我而言，關心是一種全然接納的同在，耐心地從旁守護，而擔心則更像是意圖約束的指導，粗魯的價值判斷。

鍾新南對待我的方式，沒有好壞的評價，盡是基於信任的包容與等待。

慢慢地，我這隻曾因失溫而顯得冰冷的鐵猴子血色漸起，在一次次的挫折裡，重拾內心那個良善的自己。

謝天謝地，深夜我高燒不退的時候，鍾新南帶著熱粥來我租屋處陪伴我；當我任性的時候，他總能同理我只是想獲得更多關注的小子；在我鬱悶時，他總能猜到那是我剛從玉里回來的疲態；而當我承受不了父母缺席的空虛時，能在廁所裡抱著他好好哭上一場。

謝天謝地，那晚，我想起了他——

我想殺人

「你敢走你試試看！你敢走我就敢撞！」我失心瘋地咆哮，看著我燒火的眼、顫抖的手，對方絕對感受得到眼前這傢伙就要衝破理性控制了。

窄窄的巷子，暗暗的街燈，高三的我站在細雨中，感受著比父母患病更大的憤恨。

怎麼可以這樣?!

但幾分鐘前，不是這樣子的……

就像以往，我和W女在她家附近的公園談談小情，只是那段時期是我們的關係非常尷尬的一年。她剛上大學，而我正在準備指考。她的每天都是新朋友、新嘗試和新體驗，我的每天都一樣枯燥乏味。我們不說，但都很清楚這份感情變調了。

在公園裡，感覺得出她魂不守舍，好幾次都欲言又止。問她怎麼了，她回說沒事，明明聽起來就是有事。這樣僵持了好久，我始終不安，她也顯然在猶豫著什麼，可是時間晚了，我也只能之後再問。

送她回到她家，目送她上樓後，我發動機車在附近晃了幾圈，然而就是走不了，決定回去找她把事情問個清楚。「喂，我還在你家樓下，你下來一下嘛！」

她不知道該如何回應，支支吾吾地回答，一下說「不行」，一下又說「等一下」，異常的閃爍讓我急得在心裡猛跳腳，口氣也變得生硬。

終於，她下樓了，但是慢了。這絕對是有事的訊號。

我好慌、好急：這個我一見鍾情、讓我想奮發向上、帶給我幸福的女孩，不要我了嗎？

……的確，她抵不住大學裡流竄的情愫，和那個男孩約好晚一點在她家樓下談清楚，打算做個了斷，因為怕我撞見，所以希望我先離開。我恨恨地問：「他現在人在哪？」

「在你後面。」她說。

有個朋友聽我說到這裡時大叫：「靠腰！這是鬼故事嗎？」

現在想起來自己也覺得好笑，但那是因為事過境遷啊！回到那個當下，我什麼事情都做得出來。我感覺自己快失控了，對失控的恐懼更甚於遭女友背叛的憤怒，我需要一個可以控制我情緒的人——我想起了鐘新南。

回頭來看，我可能打了一通改變我一生的電話。

「我想要殺人。」

「狗爸！你現在可以離開那裡嗎？你來找我，幾點到都沒關係。」

「我不知道……你快點跟我說說話。」

他就在電話那頭陪著我，好久好久，直到我情緒舒緩下來才掛上電話。

父母缺席、爺爺奶奶垂垂老矣、女朋友別戀……而他還在。

幸好他在。

我想成為孩子的電話

好幾年之後，我在申請ＴＦＴ的書面資料中，留下了這些文字：

作為雙親皆為重度精神病患的獨子，成長路上的輕與重讓國士深知，「弱勢」不單單反映在物質生活的匱乏及支持網絡的短缺，更讓人揪心的影響體現在心靈的脆弱，以及外顯的叛逆或靜默，最終錯失從斑剝學涯中翻轉蛻變的契機。國士萬般感激的是，有幸經過教育最美的風景，在生命影響生命的奇遇中脫胎換骨。如何複製這段感動，成為對弱勢學生有影響力的老師，一直以來都是國士內心最深層的感召。

支持國士從弱勢家庭走出來的，除了親人的不離不棄外，是在求學期間遇見願意長期陪伴的老師，那是種雪中送炭般的存在。高中班導兩年的盡心守護，讓國士經驗到一個離經叛道的學生，是如何從被動地因著老師的付出而改變；漸漸地在混沌與自省當中，具備為了己身價值而力求精進的能力。

一個曾經因為失溫而失速的我，到頭來沒有失去自己，這當中，鐘新南就是我的守護者，是他讓我體會到有人願意蹲在我的旁邊，拾起我的失落，嘗試用我的視角看看這個世界。

當然，也是因為和鐘新南的師徒之情，讓我在羽翼漸豐後想善用自己曾有過的荒唐，灌溉一小片的荒蕪。

或者是說，我想成為孩子的電話，和他一樣。

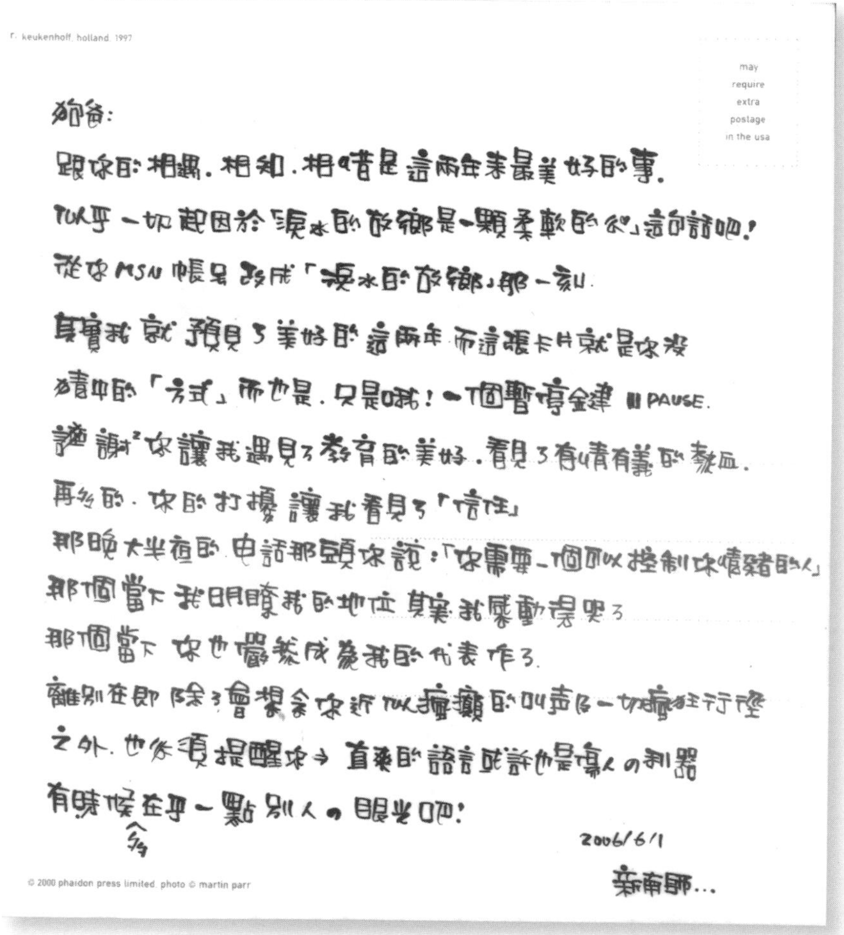

keukenhoff, holland, 1997

may require extra postage in the usa

狗爸：

跟你的相遇．相知．相惜是這兩年來最美好的事．

似乎一切起因於「淚水的故鄉是一顆柔軟的心」這句話吧！

從你MSN帳號設成「淚水的故鄉」那一刻．

其實我就預見了美好的這兩年 而這張卡片就是你沒

猜中的「方式」而也是．只是哦！一個暫停鍵 II PAUSE.

謝謝你讓我遇見了教育的美好．看見了有情有義的熱血．

再多的．你的打擾讓我看見了「信任」

那晚大半夜的電話那頭你說：「你需要一個可以控制你情緒的人」

那個當下我明瞭我的地位 其實我感動得哭了

那個當下 你也儼然成為我的代表作了．

離別在即 除了會想念你近似瘋癲的叫聲及一切瘋狂行徑

之外．也必須提醒你→直爽的語言或許也是傷人の利器

有時候多在乎一點別人の眼光吧！

2006/6/1

新南師…

© 2000 phaidon press limited. photo © martin parr

我高中畢業時，導師鐘新南親手寫的卡片。
我願像他一樣，成為孩子最豐渥的守護。

放下標準答案

我開始練習善待自己：慢一點。
不是每一件事情都有目的、都有結果，
就讓無為與等待也變成一種尋找，一種療癒。

缺席的陪伴

學生時期的我是半個公費生。由於父母的病與低收入戶的身分，從國小到碩士班畢業，我一路上念書都在拿助學金。每個學期初，我會在各式的申請表單寫上：父母的職業「無」，父母的聯絡方式「無」，父母的健康狀況「殘」。

在每份申請表單上寫的四個「無」和兩個「殘」，可以減免我的學雜費，讓我收到數千元助學金。

國小的時候，字寫得東倒西歪，老師提醒我：「字要一筆一劃地寫好，人要懂得惜福。」

國中時，想的都是要怎麼把錢留在自己的口袋裡，老師只是搖搖頭說：「這麼大了，字還那麼隨便，那麼不懂得感恩。」

上了高中，我寫得鬱鬱寡歡，每個新學期都得被提醒一次：我的父母是精神病患。每個壓在紙上的「殘」字，都挑動著我內心深處的缺。於是，「殘缺」成了我在高中時不允許自己承認的黑洞。就像一顆熱氣球想絢麗地升上天空，但是少了火，怎麼都飛不上去。

曾經有位老師提醒我：「其他親人給你的愛已夠多了，夠彌補父母不在的遺憾了。」

而那時我也有著無數的喃喃自語，無論哪個版本，都在拚命地說服、壓抑自己。我常這麼對自己說：「文國士，雖然你沒有父母的愛，但有愛你的奶奶啊。更何況，這也是爸媽陪伴在你身邊的一種方式，正因為他們不在你身邊，才讓你那麼自由，有機會更獨立、早熟和懂事。」

我說服自己相信：就像許多父母呵護小孩一樣，我爸媽也是用他們的方式伴我成長，只是我的情況比較特殊，他們給我的是一種「缺席的陪伴」。

深夜的操場上，租屋處的房間裡……我讓自己去感受那種父母跟我心心相繫的感覺。

我笑，他們跟著開心；我哭，他們跟著難過。當我需要建議，他們毫不保留地給予；我需要依靠時，他們緊緊擁抱我。這一切都在我的想像裡，再真實不過地上演著。

但是，為什麼出現在我想像裡的全是沒有面孔的父母，而不是現實裡的雙親？又為什麼每當父親節、母親節，我會難過？過年我會失落？為什麼每次從玉里回到家，我會躲在房裡暗自哭泣？

為什麼是我？為什麼我沒有一個正常的家庭？

其實，只是在騙自己

高中時期，我都以「愛」與「孝」之名，對著自己替父母的缺席辯護。壓抑下情緒化，我要求自己拿出理性，把親情當作最高準則，孝道為評價的量尺，而在我內心不斷攻防的法庭裡，爸媽是受思覺失調症摧殘的無辜被告，我則既是原告，也是心生憐憫的辯護律師。我捍衛著他們，對抗自己的種種質問。

由此我以為獲得安慰，其實所謂「缺席的陪伴」只是自我欺瞞。

我還不能體會雙親對一個生命有著無法取代的地位，孩子期待被爸媽肯定、親子的情感連繫，這些是每一對親子之間獨一無二的。我天真地以為這一切就像筆電，沒有Apple，有ASUS也一模一樣。沒有父母，有其他親人也一樣。

我努力讓自己去同理爸媽，偽裝堅強，要求自己知足、樂觀，卻只感到不斷在被掏空，愈是壓抑、否認生命中的匱乏，愈感到自己好累。我努力變好、變優秀，正如恩師鐘新南在送給我的畢業卡片上寫著我是他教學生涯的「代表作」，這段回憶是我最感念的。但同時我也好疲憊，不知道一切所為何來，內心深處有種體無完膚的破碎感，漸漸崩壞了我的心牆。

直到上大學，遇見了生命中的另一位恩師謝錦桂毓老師，他引導我漸漸意識到自己過去的自欺欺人，明白長期以來面對患病的父母，原來我是如此壓抑自己的感受，卻徹底忽視內心那個受了傷的自己。

大學恩師——謝錦桂毓

謝錦桂毓是我念輔大英文系時，教我們國文課的老師，他都稱呼自己是「課堂裡的生命教練」。大學的最初兩年，他透過解析一篇篇讀本，帶領我們看人生的風景，邀請我們做自己生命的主人。

謝錦曾說輔大英文系不培養黃皮白骨的假美國人，希望接觸英美文學的我們透過閱讀東、西方的文本，理解不同作品的文化脈絡，去辨識自己是誰。

對我而言，他除了是思想上的啟蒙者，也是我遇到問題時的求助對象。或許是因為我心底其實藏著一種仰賴父親的渴望？

「你愛你的父母嗎？」

大二上學期剛開學不久，禁不起奶奶的苦苦哀求，我決定在過年時，第一次接父母回家——這是他們被送去玉里十幾年來，頭一次可以全家人團聚過年，明明是值得開心的事情，卻令我成天焦躁不安。小時候的陰影浮現腦海，我笑不出來，只擔心他們在回家期間因為發病又闖下大禍，砍人、燒屋、砸車……

有一天，我帶著找不到出口的恐懼出現在謝錦的辦公室，向他傾訴滿心的焦慮，只是想要獲得亦師亦父的他給一個安慰。

「所以，你為什麼要帶他們回家過年？」他反問。

「因為他們想啊。」

「那你想嗎？」

隱隱察覺他問話的尖銳，我有點緊張地回答：「……我不知道。」

但他追問：「你是不知道，還是不敢說出口？」

「不重要吧？不管我想不想，都得帶他們回家啊！」我感到自己被逼得步步往後退。

「你是說你不重要？你覺得『文國士』的感受不重要？」

天哪，別再逼問了。「不是。我的意思是……我不想讓我爸媽失望。」

他繼續問下去：「如果讓他們失望，你會有什麼感覺？」

「就……會覺得自己不孝吧。」

「什麼是孝順？」

一連串的問題迫得我無從招架。我心裡有點生氣，氣他問我那麼理所當然的問題。

「我，不，知，道。」我是真的不知道。為什麼他一定要逼我去想我不想思考的事情？還有，為什麼剛才那種生氣的感覺，瞬間竟化成我臉上的淚水。

但他沒打算放過我，面無表情地問著：「你愛你的父母嗎？」

「我不知道……你不要再問了。夠了！」

沒等他接話，我便起身逃離了辦公室。

我怎麼知道我愛不愛我父母？

原本只是想要有人安撫，超乎意料的是話題卻走得好深，直直刺入我以「缺席的陪伴」安慰自己，實則壓抑的矛盾。

第一次，我忠於自己的感受

從此之後，一切都變了。

整個學期裡，原本熱愛國文課的我在上課時變得沉默，也跟謝錦變得疏遠，不再像以前那樣常找他聊天。

但所有改變裡最撕裂的是我再也無法找理由美化父母的缺席。腦袋裡冒出好多雜音，全都直指謝錦留下的問題：

「你愛你的父母嗎？」

我隱約感受得到那是句反問。從此在每天自問自答的自我折磨裡，我才第一次因為忠於自己的感受，而聽見了內心最真實的聲音。

雖然在理性上，我能理解他們的缺席是迫於無奈，要是能夠選擇，他們也不會想生這場病，他們也想好好地陪伴我長大，但從小到大太多的「理解」強加給我太深的桎梏。若說理性和感性是我們的雙眼，我遲至大學才體會到，原來自己的雙眼早就失調了。

太長的時間裡，我只允許自己拿出理性看待與父母的關係：我必須接受這一切，我應該要愛他們……因為百善孝為先，對父母不這樣做，我就是不孝順。

但是像我們這樣的親子共處，除了「必須」或「應該」的社會價值觀，還有沒有其他可能？我愛我爸媽嗎？這個問題除了答：「愛。」我還能怎麼回應？要是我說不愛賜給我生命的人，那我的出生到底有什麼意義？

想到這裡，我終於允許自己放下長久背在身上的標準答案，起身去尋找自己的答案。

尋找我自己的答案

整個大二上學期，我使盡渾身解數「找答案」：旁聽社工系的課、念老人學程、假日固定去聽相關講座……我以為不管是關於自己的存在、我和父母親的關係，以及如何面對相依為命的奶奶老去，可以從中獲得解答。

我也以為答案藏在書海裡，但求在載浮載沉之中，漂來讓我安歇的浮木。史哲學、生死學、心靈勵志、人物傳記……什麼類型的書都看，除了心理學，因為害怕若接觸心理學太深，會揭開自己那發病的「遺傳」封印。

茫茫然地讀了好多書，其中有一本關於男同志的情欲小說令我印象深刻。故事裡有一段，主角重新翻看自己從十三歲寫到二十七歲的日記，才赫然發現十幾年來，他一直都活在自我矛盾和社會壓力之中，原以為一切在漸漸好轉，其實情況從未有任何改變。他選擇了自殺。

我好絕望，這不也是我的處境嗎？

人前，我看起來醒目依舊，但絕望感常在半夜敲門，把我包覆在萬念俱灰的頹喪之中。我到底怎麼了？知道的愈來愈多，卻僅換來更多無可救藥的顧影自憐。紊亂的思緒和無解的難題纏得我喘不過氣，空虛壓境，我覺得自己快撐不住了。

我快發瘋了嗎？

引爆點是那通她打來的電話，聽到聲音那瞬間，我只感覺到一股噁心。

是我媽。

到一半我實在聽不下去了，掛斷電話後索性把手機關機，就在校園的小廣場獨自坐著，對每個經過的陌生人都心生敵意，將滿腔厭惡感投射在每對太過幸福的眼睛裡。

我需要離開，於是硬拖著虛弱的身子去餐廳吃午飯，結果去錯地方了，那裡太吵。我慢慢吃著大滷麵，淚水猛往碗裡掉，同時死命按捺著內心的狂風暴雨，直到再也壓抑不了。

「吵三小啦！幹你娘是在吵三小啦！」

偌大的餐廳，吵嚷的人群，全都因我的嘶吼而靜止。

我止不住地哭著。大家盯著我，是在看瘋子嗎？我覺得好累喔……我得離開，但是不想回宿舍，此時此刻更不想回家。

可以去哪裡呢？到底我屬於哪裡呢？

還脫離不了霧霾，就先練習與它共存

讓我意外得救的契機發生在幾天後，至少，這對我是個重新出發的起點。

朋友相約去北投爬山，拗了好久，我帶著低落的情緒赴約。就在復興崗的半山腰，同行的好友沒來由地問我：

「找到答案了嗎？」

突然我懂得了什麼。

我從沒讓別人知道我的低潮，因為還沒有準備好坦露心裡最破碎的這一塊。朋友只曉得我處於一種對任何事都不確定的狀態，這句無心插柳的關心卻有如當頭棒喝，使我懸崖勒馬，我突然意識到整個學期以來自己太急著脫離混沌與迷惘，而太用力地想得到某個「答案」，愈用力，愈是適得其反，讓求不到解答的絕望感對我予取予求，一口口將我吞食。

我應該要慢下來，多給自己一些時間和空間，誠實面對自己。還脫離不了的霧霾，就先練習與它共存。

就從這天以後，我開始練習善待自己。慢一點。不是每一件事情都有目的、都有結果，就讓無為與等待也變成一種尋找，一種療癒。

旁聽的課不去了，老人學程不修了，那些為了找答案而看的書放下了。我打開日記本，寫下：

愛自己這件事真的好難好難。它難，因為時間不保證我們的成長，長大，可以只是學會故作堅強的腐爛。它難，因為外求不保證我們的安頓，尋找，可以只是不甘受困的掙扎。漸漸地，累了，想棄守了，才在頹廢的虛無中體會，為了愛現在的自己，我得慢下來，練習共存，也練習等待。

最溫暖的肩膀

自從學期初逃離謝錦的辦公室後，一整個學期我都沒有和他互動過。期末的最後一堂國文課，按照慣例是學生輪番上台分享一學期以來的心得，場面很溫馨，聽同學們哭哭笑笑地分享，結束後跟謝錦緊緊相擁，我坐在角落，哭到不能自已，但一直到下課鐘響，我都沒有上台。

等到教室裡沒剩下幾個人，我鼓起勇氣走向謝錦，緊緊地抱住他，好久好久，一邊哭哭啼啼地對他說：「我明白你為什麼要問我愛不愛自己的父母了……你好討厭，但我好喜歡你！謝謝你。」

謝錦沒說話，就只是好好地抱著我，他的肩膀成了我最溫暖的面紙。

恨也是答案

允許自己去恨，像是用雙氧水洗傷口一樣灼熱而痛苦，然而，這是我療癒自己的開始，更是我愛自己的起點。

就從此刻起，我恨得坦蕩蕩，恨得如釋重負。

絕無僅有的過年「大團圓」

就是大二這年，我第一次去花蓮玉里接父母回台北過年，也是絕無僅有的一次。

原本我就有點不情願，爸爸一上車，我更是後悔了。

他只要一離開醫院就會心神不寧，老覺得本省人要置他於死地，再加上他每半個小時就得抽上幾根菸，完全不可能讓他搭火車，我只好開車接他們上台北。

平常開車大概五到七個小時的車程，載上爸爸之後，就變成了十幾個小時的折騰。不管媽媽一路上怎麼安撫他，他就是躁動不已。上午十一點，我們從玉里榮民醫院出發，等回到汐止的家時已逼近午夜十二點。

二十顆藥

這個年，替我存入了幾個深刻的「第一次」。

譬如說，這是我上小學之後，第一次那麼密集地和爸媽朝夕相處。好多幼時的模糊畫面一一被喚醒：從早到晚，幻聽、幻覺、妄想、動作遲緩、保持奇怪的姿勢、喃喃自語又語無倫次……的確，思覺失調症的人是會有這些表現，但我老是忘記，覺得有點不耐煩。

在這些熟悉的畫面中，有一件以往我未曾留心的事，就是吃藥。

每天三餐加睡前，我心想這樣到底是吃了多少藥，統計結果是二十顆左右。這就是他們的日常，我看在眼裡，有種無奈。

我知道這是讓他們「正常」的做法，比起早年被電療的種種人道悲劇，吞下這些我不清楚會起什麼作用的藥已經算是相當溫和的，但他們終究是人類啊！二、三十年來，當我過著理所當然的正常生活時，他們究竟吞了多少藥？為了我們這些所謂的正常人，他們被強制送進院區「休養」，被迫吞下數以千萬計的藥。到最後癱瘓他們的到底是這場病？還是這些藥？我真的不清楚，也不太敢想清楚。

遠遠地看著被藥物吞噬的他們，我悲從中來。為什麼他們會經歷這一切？而在正常與瘋癲、在我的怨恨和他們的怨嘆之間，該向誰究責？

被爸媽重擊過、傷害過的孩子，由愛生恨似乎理所當然，有理由獲得父母一聲真誠的道歉。但是，當父母禁不起重創而應聲倒下，被壓在下面的我又能向誰索償？

煎熬年夜飯

二十幾年來第一次，爸爸、媽媽、爺爺、奶奶和我齊聚一堂，上演了一場默劇般的團圓飯。

起初我還抱有期待，以為我們終於能像其他家庭那樣熱熱鬧鬧地吃頓飯了，結果根本不是這麼一回事。餐桌上，昏暗的白光灑在沉默不語的五個人身上，彷彿在說：「你看，這就是你們家的悲劇。」

我早就看得清清楚楚了。

我恨我為什麼要用這種方式提醒自己：我的雙親都是精神病患，我倚靠的爺爺、奶奶都是行將就木的老者，而所謂的團圓飯僅是毫無喜氣的遺憾。

這是一頓漫長而煎熬的年夜飯，沒人講話，彼此沒有任何眼神交會，一切都如此地難以下嚥。我草草吃完，便回到房間獨自飲泣。

然而，靜默只維持到隔天早晨。

去他的發病也不是他們自己選擇的！

一大早起床，竟然沒看到媽媽，這讓我非常焦慮，趕緊跑去房間問爺爺。

「她說她要上市場一趟。我被她吵到煩啊，就把家裡鑰匙給她了。」

「你開什麼玩笑?!你讓她自己出門？你不知道讓她一個人上市場有多危險嗎？」我想起童年的往事，沒好氣地大聲斥責爺爺。

「砰」地一聲，門開了，揭開了積怨二十多年的狂暴序曲。

原來她還沒踏出家門，聽我這麼吼，她走過來，扯著嗓門駁斥我的指控，「你幹麼亂說話？」

是的，她的反駁是合理的，相隔二十年再讓她獨自去市場，也許情況會不一樣。但我腦中浮現的盡是童年殘影，種種關於那些她在市場闖了禍，讓幼年的我感到羞恥的往事。

我再也控制不住了，她的一句短短反控，卻讓我怒火中燒，激動到雙手發抖。我衝到她面前，像二十幾年前她把我逼到牆角那樣地對她咆哮：「你去啊！幹你去啊！你現在就出門啊！」

我覺得自己好可怕喔，因為我很清楚自己是藉機把二十幾年來無處宣洩的憤恨，發洩在她身上。但是我的憤怒告訴我這是她應得的，其他想法統統給我滾開。去他的理性！去他的同理！去他的發病也不是他們自己選擇的！這些我都知道，但在那當下再也不重要了。

二十多年來第一次，我把自己壓抑已久的情緒爆發了出來。

咆哮聲驚醒了爸爸，他走進房間，跟爺爺一樣不知所措地看著。沒有人知道該怎麼反應。

這二十多年來都是這樣，從來就沒有人知道要如何回應這個家發生的一切。

奶奶被我震懾住了，她坐在輪椅上，哭著勸我說：「國國，你不要生氣嘛……」她的聲音愈溫柔，我愈是感到內疚。看著奶奶，我感到無地自容，只想遠離他們。

我走回自己的房間，甩上門，頹坐在地板上，使勁地甩自己巴掌，一直打、一直打、一直打……「文國士你是白痴嗎？幹！你他媽的是白痴嗎？你對著一個瘋子發什麼瘋啊?!」我好氣自己，氣自己何以失控至此。

去恨，來承認自己受傷了

我再也待不下去了，我必須離開這個家。

開車上高速公路一路狂飆，一心想著離家愈遠，我就可以愈自由，雖然很清楚被囚禁的其實是我的心。

對媽媽的那一聲咆哮，宣洩的不僅是我二十多年來的積怨，也徹底扯斷了一路上綑綁我的道德束縛。不要再跟我談孝道！第一次，我覺得我需要去恨，來承認我受傷了，正視自己的傷口。

允許自己去恨，像是用雙氧水洗傷口一樣灼熱而痛苦，然而，這是我療癒自己的開始，更是我愛自己的起點。

花了二十多年啊才走到這一步。就從此刻起，我恨得坦蕩蕩，恨得如釋重負。

溫暖地，接住了我

晚上十點多才回到家，等在我房內的是爺爺。看起來，他已經枯坐在那裡許久。

爺孫倆四目相對，誰也沒說話。誰又知道能說些什麼？

「國國啊……」先開口的是爺爺，「國國啊，你聽過一句話叫做『久病無孝子』嗎？」

我擋不住眼淚直落。二十多年來，第一次有人這樣跟我說。

「沒關係，這一切都不是你的錯，你不用勉強自己。你去過你的生活吧，擁抱你自己的人生。」爺爺說。

爺爺想讓我知道的是，我可以不用去愛。

對我說這番話的竟然是他——這個曾經事業風風火火、不可一世的文大製作，曾狠狠傷害過妻子，如今安分守著家、照顧她的丈夫，看著長子發病，再看著瘋兒子跟另一個瘋女人結婚的父親……

眼前這個老人，我曾經把這個家的一切都怪罪他，認為全都因為他不是個好爸爸。

他要放下多少身段，吞下多少苦水，才能在孫子面前吐出一句「久病無孝子」。這番話，讓我在心裡赦免了自己的原罪，有如一雙厚實的大手，接住了裂成碎片四散墜落的我，讓我能安心地傾倒在那片溫暖中，靜待著自己復原。

【唯一一封，寫給媽媽的信】

生我的人

「我在這裡工作啊！」

某次跟媽媽會客的時候，我隨意問起她在院區內都怎麼打發時間，她不服輸地嚴肅回我，她在那裡是有工作、有任務的，不是在養老、養病地消磨時間。

除了在藝工隊裡載歌載舞的兼差，她口中的「工作」，指的是她的創作。

有好幾年，每一回去看他們，她都會把一袋袋整理好的作品交託給我，還神祕兮兮地囑咐我等離開院區了才能打開。

「這裡太危險了。」她用眼神告訴我。

在她的「創作高峰」那幾年，偶爾會接到她來電要我寄筆和紙給她，這個簡單到卑微的要求，很多時候我沒放在心上。關於她的大小事，我一直稱不上關心。

她累積下來數以百計的作品，我一張都沒留，也可能從未認真地看過，但我一點也不覺得可惜。我想，我是在「尊重她的作品」和「閃避可能的厭惡感」之間，做出了連我自己都覺得太自私、無情的選擇。

她寫來的信

矛盾的是，有好幾年，我倒會認真看她寫給我的信，但看得愈久，失落愈沉。後來不看了，一箱箱往角落堆。再後來堆不下了，索性把舊的全扔了，但新的仍一直來。

國中時看信是種尋找，我不去想現實如何，企圖找出跟她在親情上的連結。那些或紅或綠的字寫在筆記本、衛生紙上，短短幾行纖細的字跡，夾雜著我看不懂的插畫。我在淚水中奢望在這些天書裡暗藏她關心我的密碼，可是落空了。我什麼都看不懂。

高中時看信是種想像，想像她在用她的浪漫對我傳情。那些依然令人費解的邏輯、依然跳躍的文字，有我自己強加上去的詮釋：看那點、那線、那個圖形……看啊文國士，那些不就是她愛你、關心你的情絲嘛！事實上，盡是我在一廂情願地幻想。

大學時，我以看信來印證自己在母親心裡是不存在的。無論那是她的世界也好，幻想也罷，她始終只活在自己的迴路裡，任誰都鑽不進去。少數我看得懂的內容都是要錢、要回家、要我這個「兒子」去看她，罷了……

忘了從哪一年開始，我再也不讀她的信了，既因為看不下去，也因為找不到再繼續去看的理由。

我想說的太多，能說的卻太少

不看信，自然無從回信。「怎麼回？回什麼？」我自問。從不回信不是無話可說，而是想說的太多，能說的卻太少。

也許是種抽離後的清晰吧，我漸漸覺得這麼多年來，不管是寫信的她，或是收信的我，我們兩人都活在同一個死胡同裡，各自帶著對這段關係的期待，演著獨腳戲。

她的劇本是她生的這孩子會報以親情，儘管愛的基礎從來就不是受精卵；我的劇本是向生我的這女人投射對母親的渴望，儘管我和她是從來沒相愛過的平行線。我們都基於對家的想像、愛的企盼，相互索求著根本不存在的親子溫情。

這缺肇因於她的瘋癲，但我只能自己補，或帶著它再走上一段。我決定不再投射了，她曾經對我造成的傷害，我也不恨了。但是當然就像以前一樣，我也給不出愛。

寫下了一封從不忍給她的信，當作她幫我上這一課的回禮，也當作與自己和好的提醒——

生我的人：

我好想讓你知道，我對你曾有過多少卑微的期待，又絕望過多少。但我的理智不允許我這樣做。我的理性跟我說，這樣做是我在無理取鬧，對你，又太過殘忍。

今天，又收到你從玉里寄來的一大箱信，我把它放在我看不到的角落，沒拆開來看，也沒扔掉它。

沒扔，是我覺得這樣太無情。不是對你的情，是對我自己。我不想讓自己成為把別人信件丟到垃圾桶的那個人。我不想從對親情的失落，再跌進對人的冷漠。

但我也沒看，最近十年的，我都沒看。

不看，是因為你的信裡從來就沒有我。即便有，也不是現實裡的我，是你對兒子的想像透過我表達出來。你的信，只有你自己的幻想、逃離醫院的渴望、怕我不認你做媽的恐慌。這些我都看過了，也看夠了。夠到讓我把心封起來，再痴笑自己怎麼會可憐到把盼望寄託在一個有思覺失調症的人身上。我的理智跟我說，一切都不是你的錯，而我該練習安慰自己、陪伴自己。我的理智跟我說：你的異常是正常的，而我的正常是異常。

曾經，我期待從你的字裡行間找到和你連結的理由，找到安慰自己的入口。每每讀著你的信，在喘息之間我拭淚等待，等待「母親」的出現：開學了嗎？球打得怎樣？怎麼被記過了？怎麼哭了？女朋友呢？未來想做什麼？我更曾痴想你在信裡和我道歉。

一封、兩封、十封、二十封、上百封……沒有，就是沒有。我失敗了，累了。我放棄了。

母愛對我來說好抽象，太抽象了。怎麼會這樣？不該這樣的啊！我沒有辦法怪你，我也怪不了自己。你無須和我道歉，我也不會對你內疚。

我曾經以為，假如我先恨你，有一天就可以愛你。但多年之後，我才在無處可宣洩的窒息中發現自己連恨你的支點都找不到。我們之間，沒有恨，沒有愛，沒有愧對，也無須和解。只能是這樣。

這封信你是看不到的，因為——

我恨不了你。

我是那個有機會放下的人

原來放下不等於要原諒，
不管我是否原諒，都可以選擇放下——
放下對公平的期待，放下執著於憤恨的自己。

負傷的獸

對殺害別人的身體，但心靈卻被人殺害的人，該給予什麼樣的刑罰？

大三時讀到詩人紀伯倫的這段文字很受觸動，從這時候起，只要看到媒體嗜血般地報導重大社會事件，特別是類似「殺人裝瘋就沒事？」的論調，都會讓我想起這段話。在我的理解裡，這不是為了替加害者卸責，也不是在問死刑能否寬慰家屬，替社會換得救贖，而是在提醒我們，每個人都曾經想當個好小孩，也都努力嘗試過。

父母的生命故事、自己搖搖擺擺的年少經驗及閱讀帶給我一些模糊的理解，我總覺得某些加害者和我之間存在著一塊疊影——我們都是旁人眼裡負傷的獸。有時候我會想：如果我因為殺人登上媒體版面，那我雙親皆為重度精障的背景，大概會讓媒體把我刻畫成泯滅人性的殺人機器。畢竟沒有比「父母都是思覺失調症患者」更好的獵奇素材了。

小時候為了安全、歸屬，為了「愛」，我們奮力滿足大人的期待，而到底是哪些原因造成有些人得以平安度過長長的人生旅途，有些人卻自爆——內爆了自殺，或外爆而殺人？我們每個人各有不同的生命故事，卻都難免經歷有所渴求而追尋，因求不得而失望的過程。有人從失望變失落，漸漸地墜入失意的谷底，那並非自甘墮落，是因遺落了愛而失去求生意志和理由。常聽人說「可憐之人必有可恨之處」，但所謂的惡人會不會亦有可憐處？

基於這些感受，以及對加害者在製造傷害之前的生命歷程感到好奇，大學畢業後，我考上了台北大學犯罪學研究所。

我想研究的不單單是別人，也是自己。

放下，重拾對生命的掌控

好多人聽我念犯罪學研究所，都會這樣說：「你一定會看相。」「那你一定是犯罪心理專家。」我特別關注「殺人」的罪行，但令我感興趣的不是把一切責任歸咎於個人的研究方向，而是想從更寬廣的脈絡來檢視在這個人身上到底發生了什麼事情，是哪些原因促使他犯下罪行。這脈絡，指的可以是一個社會在歷史和文化上發展的軌跡，也可以是對一部生命史的理解和推敲。

但因為一場廢死聯盟辦的座談會，使我將關注焦點從原本的殺人犯罪加害者移到了「被害者」，從原本恨這世界、恨自己的出身，轉而開始嘗試學習溫柔以對，這個轉折連我自己都感到很意外。

「我不要再當被害者。」

說這句話的講者是一名美國籍的律師兼社工，父親被謀殺之後，好長一段時間她感到人生無光，但在走過那段幽暗後，她體認到即使加害者被執行了死刑，也無法寬慰喪父的哀痛。她說：「槍決加害者，只是讓暴力繼續循環而已，唯有跳脫這種暴力的循環，脫離被害者的角色，我才有機會重生。」

另一位講者也分享了類似的心路歷程。父親被謀殺後，他曾經為仇恨所啃食，但是後來他卻成了司法改革的推動者。是什麼導致他從想法到行為起了轉變？「案發之後，有好多年我一直想著要報仇，看著其他人父子情深的互動，我都暗自嘶吼著：『為什麼是我?!』除了要報復殺了我爸爸的人，我更要向這整個社會報仇！……」就當他的靈魂幾乎被仇恨吞噬殆盡，陷入絕境裡，深感人生受困的他意識到為了拯救自己，他必須驅逐盤據心中已久的仇恨。

立場在這裡是不重要的。望著台上幾位因為謀殺案痛失親人，後來卻都支持廢除死刑的講者，我心裡非常震撼。我想問他們：「為什麼你們不恨？」從小到大一路帶著恨意成長的我想知道：從原本的恨之入骨到轉為支持廢死，這中間發生了什麼事？

台上的講者遭遇的是親人被殺之仇，最終卻都選擇了「放下」。

我好像開始懂得了什麼，原來放下不等於要原諒，不管我是否原諒，都可以選擇放下——放下對公平的期待，放下執著於憤恨的自己。

放下，為了重拾對生命的掌控。

放下，讓受傷的心自由

這場座談會替我引了一條路，指引我在和父母的課題上想前去的方向，同時，也開啟我對「原諒」和「被害者」這兩點的興趣，並以此為主題撰寫論文。為了完成研究，我探訪了家人被殺害的許多受害者遺屬，痛失親人原本是悲劇，但我卻從他們的種種經歷中感受到，走過重擊，漸漸豐厚了他們的生命。

例如林先生的父母，相隔二十年，先後被同一名凶手——父親的外遇對象所殺。她先是殺死情人的妻子，林先生的父親為她奔走，助她逃過死刑，服刑屆滿後，她便成了林先生的繼母。沒想到幾年之後，疑似精神異常的繼母打死了丈夫。有一段不算短的時間，林先生的經歷成了媒體爭相報導的素材。如此悲劇的經歷，他經過反覆掙扎，最後選擇原諒，甚至投入推動犯罪被害人保護改革，這樣的包容令我敬畏。

杜小姐的弟弟在三十多年前，死於一場「神話KTV」大火。當時，凶手在KTV和工作人員起了衝突，盛怒之下縱火燒掉了KTV，也奪走了包括杜小姐的弟弟在內十六條人命。身為受害者遺屬，大可以恨得理直氣壯，然而，杜小姐和母親卻選擇原諒凶手：她與凶手通信，鼓勵他改過，並且與母親一起到監獄探視他，領他受洗，她的母親甚至認了凶手做乾兒子。凶手在台北看守所遭槍決前，也是她們母女在旁伴著他到最後一刻。「我所做的一切努力，並不是為了原諒凶手，而是為了我自己。」她說儘管很多評論不諒解她，質疑她是在作秀，但她確確實實在與凶手漫漫長路的相處中，也救贖了她自己。

這些因至親死去而受盡磨難的靈魂，讓我再次感同身受「放下」的力量。放下，是讓受傷的心自由，而自由從來就是帶著傷的。

放下，才有機會讓傷口結痂

整理受訪者的故事寫入論文，讓我有機會慢下來，看看自己走到哪了。

回想自己童年的自卑、青春期的憤慨與成年以來的失落，我開始明白真正讓我難受的並非爸媽在我生命中缺席，而是他們的缺席在我心中留下一份期待，我偷偷盼望著有人可以彌補我因此而感受到的自卑、憤慨與失落。

有些受害者遺屬在仇恨裡等待凶手伏法，我則在缺憾裡等待救世主出現，來補償我所缺乏的一切。好幾年的時間裡讓我的心不自由的，並不是他們生病了，而是我死抱著這份期待，不肯放下。

從座談會分享到論文訪談，幾位受害者遺屬的心路歷程讓我看懂的是：如果恨是消毒的雙氧水，那麼放下，才有機會讓傷口結痂。同時我也看清了，倘若不想或者還做不到，那也就不必急著追隨。

而回到我和父母的關係裡，我漸漸感受到自己是有能量的。我是那個有機會放下的人。

回到當初那場座談會，很清晰的印象是它的名稱叫——

「夜照亮了夜」。

沒有那麼不同

【我們與他們的距離】

車子剛駛出玉里院區，沿著台九線往北的方向緩緩前進。我接了爸媽要回家過年，同行的還有一位大學好友。

車內沒人說話，我在想，爸爸和我大學同學到底誰會先開口。不出我所料，先開口的是我爸。「同學你好。請問你貴姓啊？」爸爸一臉老實樣地問。

「啊？喔，我姓林，雙木林。」我同學不自然地應答。

又陷入一片沉默，只有不時呼嘯而過的卡車轟隆聲透進車裡……結果劃破沉默的還是他，讓氣氛一下子尷尬到不行。

「林同學，你之前有認識過精神病患嗎？」

我同學一副「天啊！這要怎麼回答？」的慌張樣，從副駕駛座瞄了我一眼，向我求救，但我只是微笑，沒有要替他解圍的意思。他只好盡可能客氣地，在不想傷我爸爸自尊心的情況下照實回答：「沒有耶。」

又是一陣沉默，感覺得出他很緊繃，我爸爸就坐在他的正後方，他大概覺得背部發冷吧，一直變換坐姿。

「所以說，我是你認識的第一個精神病患？」爸爸想確認接收到的訊息是正確的。我同學小心翼翼又客客氣氣地強笑著說：「是啊，文叔叔。」

爸爸聽了，瞇眼笑著，搓搓大平頭，迸出一句讓我笑到胃痛的話。

「幸會幸會。很高興認識你。」

這句太過正式的問候讓我大笑，不過看得出來我同學沒那麼不自在了。

跨越「我們」與「他們」的分界

從大學時期開始，我不時會邀請好友一同去花蓮探視父母，就說是某種程度的去汙名吧，我想讓好朋友們認識我爸媽。譬如車上的這段對話，如果爸爸問的不是精神病患，而是：「所以我是你認識的第一個律師嗎？」我同學大概就不會感到那麼如坐針氈了。

這當然不是他的錯。朋友們第一次看到我父母時，有人表現得畢恭畢敬，有的人慌慌張張，還有許多人是戰戰兢兢，這都很自然，因為對大部分的人而言，「精神病」是陌生名詞，除非有機會真實接觸到病友，否則「正常世界」的人對病友的認識難免偏頗。

無所謂認識是否正確，「偏頗」就只是不夠完整，這來自社會文化的限制、主流媒體的刻畫等，說到底也是我們在接受訊息時還需要更謹慎。面對陌生的人，不管是精神病病友或其他群體，我們一開始的理解和想像究竟是反映他們的狀態，還是露出了自己的侷限？

近距離互動

也是大學的時候，和四、五名好友去探望我父母。那次的話題提到了同性戀，我故意摟著男性友人，好認真地在他們兩人面前「出櫃」，心裡很好奇他們會怎麼反應。

我媽是這樣回我的：「雖然我有點不習慣，但你們幸福就好。而且我想你們多來幾次，我就會習慣了。你們看起來滿配的！」

總統大選前，跟朋友們在前往玉里途中聊到選舉，我想要戲弄他們，刻意暗示我父母好像很「藍」。等見到他們時，一聊起政治，我指著友人像捉賊那樣對著爸媽大喊：「你們看他，他要投蔡英文！」友人急忙釐清，力求政治正確。

只見媽媽的臉垮了下來，我溫柔地低聲對她說：「每個人都可以有自己的想法嘛！你可以不認同他，但好像應該要尊重他吧。你覺得呢？」她沉默著想了一下，接著雨過天青般露出微笑，點了點頭。

念碩士班的時候，跟一群同學去看我父母，我媽又提起中共與她密謀解放台灣的計畫，說她體內有核子彈的裝置。我和爸爸早聽膩了，只覺得她又在講她的妄想，但是好友卻認真地回應說：「搞不好你媽說的是真的啊！只是現在的科技還沒進步到那樣。」

從思想自由和創意的角度來說，或許我的笑其實是一種正常人的平庸與傲慢。

有一回去看我爸爸，同行的朋友正愁苦思索著未來要做什麼。她和我爸爸同樣都擁有漂亮的學歷背景，差別只在我爸是在院區養老的長者，她則是背著家人期待，猶豫著是否該走自己的路的旅人。

話題聊到這裡，爸爸語重心長：「長輩的愛其實都是有刺的，帶毒的。」他吸了口菸，一副紳士樣地向我朋友提問：「那你有魄力做自己嗎？你自己清楚，走自己的路跟孝不孝順是兩件事嗎？」一句話便說中要害！

誠實諦聽

我曾自問：這麼做會不會把院區當成動物園，讓父母和其他病友成了任人觀看的小動物，是不是消費了他們？在「去汙名」的良善和「消費」的優越之間，界線該怎麼劃？但轉個彎思考，去擔憂這些，其實是忽略了他們的感受和意願，漠視他們自己並不以這場病為恥、病得頂天立地的自尊。我父母倒是很希望見我朋友的。

我也在想：就像以關懷之名參訪監獄、少輔院等機構有研究倫理的爭議，或打著行善旗號，進入校園拉著小學生拍照有道德倫理的疑慮，為什麼有些族群理所當然地成為可任人闖入、關心和研究的對象，只因為他們在某些意義上來說比較弱勢，是需要被協助的對象？

善意的保護心態有時是種自作多情。不管多數人怎麼想，只要爸媽和我自己清楚我們或許不同，但我們沒有比較差，那麼就沒有所謂「消費」的疑慮了。因為拒絕被貼標籤而起的種種防範，有時候反而會讓標籤更黏著。

對我而言，說爸媽都是精神病患，跟你說你父母從事什麼職業是一樣的事情，帶朋友去找爸媽聊天，跟你帶朋友回家也是一樣的。

擔心被消費固然是想保護當事人，但之所以有這種心態是因為我們的社會還不夠友善。有些時候要改善現況，或許需呈現更多不同面相來拓展人們的視野，透過這樣的過程，幫助大家對自己不熟悉的事物有更多同理和接納。

有些人佩服我願意談我父母，「很有勇氣」。這對我卻是個嚴肅的提醒。我想，當一個人能夠自然說他的父母是精神病患，卻絲毫引不起他人側目，那或許就是個更寬廣、更友善的社會了。

在正常和瘋癲、「我們」與「他們」的分界上，其實總可以找到彼此的疊影。我們可能也會排斥異己、拒絕包容，他們則也能接納多元、理解差異，我們也會思路混沌，表現得冷漠無情，而他們也有思緒清晰、情感豐沛的時候。

若撇開二分法，誠實地去諦聽這些生命，也許將進一步地發現原來都只是自己故事的另一個版本。

我們與他們，從來就沒有那麼不同。

奶奶走了

走過的所有脆弱都將是我人生路上最溫柔的能量，
這一切都是因為她愛過我。
但她來不及看見我正努力成為溫柔的陪伴者，像她伴著我那樣。

清晨傳噩耗

我高中時，奶奶因為失智而不方便常去玉里看我爸媽，我也就順理成章地漸漸少去療養院，不過那裡的一切早已深印腦海。當兵的時候，見身邊的菜鳥同袍戰戰兢兢地過著陌生的阿兵哥生活，我卻覺得熟悉，因為在我眼裡，軍營跟療養院的日常根本如出一轍啊！

大概本質上都是「管理至上」吧，無論環境、空間、生活步調，或是精神萎靡的氛圍，在在讓我覺得當兵時的自己跟精神病院裡的病友根本一模一樣。

比如：時間到了就起床，我排隊掃地，病友們是排隊領藥；時間到了就吃飯，我去餐廳打飯，病友們是在病房裡用餐；時間到了就放空，我在福利社門口抽菸、胡思，病友們也在福利社門口抽菸、亂想。沒什麼了不起的責任要扛，也沒什麼了不起的地方可以去，生活制式化也夠無聊，是很適合拿來翻翻閒書、想想自己的地方。

也很適合面對死亡。

二〇一一年一月十八號，原本也應該是個軍中的無聊日子，手機卻在大清早響起，我驚跳起來，六點十一分。重度精神病的父母、年邁的祖父母，總讓我對手機鈴聲在過早或過晚的時候鳴響感到不寒而慄，那種心凍的感覺裡藏著對自己是否將要失去一切的期待與恐懼。

是大姑媽打來的。我閉上眼睛吸了好大一口氣，緩緩地把氣吐光後，才有勇氣接通電話。「國國，我們親愛的……我們親愛的……」大姑媽沒等我開口便急著說話，但哽咽得無法說完整。

其實在接電話前就有預感了。我用力咬著下唇，口中滲入了血味，仍故作鎮定地輕聲說：「你先慢慢深呼吸嘛……」對，慢慢地說，只要那句話不說出來，或許就不會成真。

「我們親愛的奶奶死了！」

從高中以來，陪伴著日漸失智、衰老的奶奶，我在腦海中排演過無數次關於她的死亡、我的反應，然而一旦成了事實，我還是亂了章法。

跟輔導長請假時，我半開玩笑地說：「我奶奶死了，好像應該要請個假。」戲謔是我的風格，但輔導長讀出了我眼神中的空洞。我只是不想也不習慣被陌生人讀懂我的悲慟與哀愁。

出了軍營，我卻在想自己到底該去哪裡，又能去哪裡。呆坐在門口的鐵椅上，菸一根接著一根點，我想去無人的海邊，清空自己，讓回憶上門。反正奶奶已經死了，早些或晚點回到台北，對我來說已經不重要了。

我想起國中時她到育幼院接我總會穿的那套可怕的七彩洋裝；任憑爸媽再怎麼瘋癲，總讓我在避「瘋」港裡能安睡的臂膀……

北返的路上，和奶奶生活的回憶一一浮現。

中正紀念堂的「搖滾樂」

我很小的時候，窩在奶奶懷裡看遍了「花系列」電視劇。週末晚上十點，房間裡燈光調暗了，只有電視機刺眼的光微顫，奶奶一手攬著我，我臉貼著她的側乳，雙手纏著她的蝴蝶袖，感受她肚皮的呼息起伏。奶奶的啜泣聲不絕於耳，我就算是闔著眼也可以猜到八成的劇情，每每花開花謝枯盡奶奶的淚水後，她會緩慢地撫拍我的背，讓我安心入睡，沉在和她共枕的雙人床上。

奶奶是我童年時的唯一依靠。兒子和媳婦因病倒下，照顧孫子的擔子便由她一肩扛起，她保住了我這株小幼苗，以她自己的自由為代價，讓我感受到自己被無條件地、獨一無二地愛著。

只有帶我去中正紀念堂跟朋友們唱平劇時，才是她少數能抽離現實，稍作喘息的時刻。唱戲時的她誰也不是，不是誰的妻子、母親或祖母，更不用擔心兒子和媳婦的瘋狂，不必顧及小孫子的安危。那一刻就只是她自己，放下外人的眼光，放下親人間的緊張，放下她自己的惆悵，只做個唱戲的人。

只要看奶奶換上旗袍，我就知道一整天又有得受了。她一反平日樸素，改撲上濃妝，拂上絲襪，穿上高跟鞋，還在頭髮上噴了定型液，夾個小皮包便拉著我出門。簷廊下，幾位高齡佳人輪番唱得盡興，我卻聽得彆扭到臉紅，她是其中音最高的，尤其每當她比起蓮花指將《蘇三起解》唱到高亢處，總教我頭皮發麻。

趁著她唱戲投入時，我便逃離現場，獨自在中正紀念堂裡遊蕩，常常就到一旁的雲漢池畔打發時間，那裡有鯉魚造型的魚飼料販賣機。

有時候我會走上池中央的人造橋，左顧右盼地找尋可能的玩伴，但目光總會落在別人的爸爸媽媽牽著小孩在餵魚。他們蹲著餵魚，我也蹲著羨慕地看他們，最後總失落地望向奶奶的方向。

有天下午，我又繞了雲漢池一大圈之後，因為實在無聊得沒事做而買了一罐魚飼料，有一搭沒一搭地餵魚。罐子一下就空了，我拿著空罐走上橋，在橋上站了好久好久，接著隨手一放，空罐子落在池面上載浮載沉，孤伶伶地。我盯著自己刻意丟下去的空罐子，幾滴眼淚直直往下墜。

為什麼連我亂丟垃圾都沒人要糾正我？

最後我還是回到了奶奶身邊，她那隨高音微微翹著的小拇指，在我眼裡像是微微勾起的溫暖微笑。

因為有著你的愛

不管再怎麼不願，終究還是到了……不知道該怎麼走路，短短的距離有我深深的不捨。循著醫院的指標，來到了奶奶身邊。

看著奶奶，我心中滿滿的無奈。她的雙手餘溫尚存，故事卻已經結束。我在奶奶的耳邊呢喃著什麼，什麼都是來不及出口的感激、歉疚與愛。

捨不得跟她說再見。

同一天的深夜，我又回到醫院，奶奶已住進冷凍櫃。這裡好冷。

看著奶奶安詳的面容，我想再牽牽她的手。那雙帶大我的手曾經多麼溫暖……如今怎麼會凍成這樣？冰在負十八度低溫下近十個小時之後，奶奶的餘溫只殘存在我們曾經擁抱的記憶裡，而眼前的她就只是冰凍的大體。

我淚崩了。

極凍的利刃抽刺著我的心，刀刀見血。這是我最愛的奶奶啊！我再也承受不住從此無所依偎的空虛和無力，痛哭嘶喊：

「太冷了啦！太冷了啦！這樣真的太冷了啦！」

是不是非得在失去中被提醒自己是真的長大了。如果我擁有的一切都是失去換來的，那其實我並不真的失去了什麼。我失去了父母，但是換來深愛我的奶奶，她讓我在雙親患病的陰影下長出美麗的靈魂。走過的所有脆弱都將是我人生路上最溫柔的能量，這一切都是因為她愛過我。

只是現在……奶奶走了，留下她來不及看見的我。她來不及看見我正努力成為一位溫柔的陪伴者，像她伴著我那樣。

再唱一次嘛，奶奶……

就像每一回低潮時一樣，我又回到了中正紀念堂，奶奶唱戲的這條長廊。這裡有我需要的親情支持。這麼多年來景色依舊，只是故人凋零，再也沒有唱戲的搖滾爺奶了。

思念著奶奶，我在遺憾的淚水中明白，那每一場讓我感覺彆扭無比的聚會中有著奶奶片刻的釋放。那是她懷著濃濃鄉愁，遙祭故土的方式。是她在花樣年華時被迫離開萬里烽火的故鄉後，客座異鄉數十載，才在無數次的悲歡離合中換得的片刻清閒。她的雙親，早已下葬曾經的故鄉；而奶奶自己，則入土這片曾經的他鄉。

遺憾自己太晚才懂得在她成為我的避「瘋」港，讓我在父母患病的陰影下仍能好好長大的背後，她得獨自承受的勞苦辛酸。面對罹患思覺失調症的親人，她同時得承受的比我多了太多。

忘了最後一次陪奶奶在中正紀念堂唱戲是什麼時候。如果可以，我不會讓那天結束的，我會靜靜地坐在牆角聽她唱《蘇三起解》，每當她想休息回家的時候，撒嬌地跟她說：「再唱一次嘛！再一次就好，奶奶。」

沒機會了。

【搭上失智的遺忘列車】

老小老小，愈老愈小

我國三那年，奶奶的失智確診。在密密麻麻的診斷報告裡，有兩點特別吸引我注意：一是說我奶奶的頭骨有裂痕，家人推估是我媽以前發病時揍的。另一點是說奶奶罹患了阿茲海默症。「阿茲海默症」，是很嚴重的病嗎？

上了車，就下不了車……

剛得知奶奶患病的那陣子，姑媽們常常一臉愁容，急著找解方。我們對這病的所知有限，不知道阿茲海默症患者就像被推進緩緩駛向終站的列車，途中或許會稍作停留，但車上的乘客是下不來的。停留，只是讓他們再看看窗外的風景，也讓月台上的送行者有機會和他們揮揮手，說聲再見。

奶奶無法接受自己得病，氣炸了，要是誰敢跟她提這回事，管他是親生女兒還是一手拉拔大的孫子，一律挨罵。她極力辯解的怒容，正經八百的語調，好像是被誣賴成小偷一樣，非得正氣凜然地罵上幾句以正視聽。

「你們這些神經病！莫名其妙！我身體好得很，哪有什麼病啊！」

在那之後，八歲——嗯，是快八十歲的奶奶，言行舉止愈來愈像個小人類。所謂的「老小老小」大概就是這樣吧。她會把吃過的口香糖滾成灰白小雪球，像裝置藝術一樣地一顆顆放在我的床頭，還將十個一元硬幣堆成一堆，用膠帶固定，像堆城堡一樣放在家裡的角落。我不忍久看她的「創作」，注視著幾秒便會低頭嘆氣。

我的奶奶呢？那個讓小國國免於父母瘋癲之害的奶奶呢？

高中時，溽暑的某一天，我陪奶奶出門晒太陽，站在街口準備過馬路的時候，我很自然地牽起她的手。這是我第一次主動牽她的手過街，我卻感覺到自然得好詭異。

我心裡好難過。

才十七歲的我還沒成熟到可以用不同的心境陪伴衰老的奶奶，陪伴自己。我自覺像個節節失守的敗軍之將，任由時間肆意攻城掠地，而我只能不斷往後，直到退無可退。

左右易位，時空倒置，性格劇變，記憶力喪失……過短的時間裡有過多的改變，就像一片片的拼圖，在日常細流中一點一滴地拼湊出阿茲海默症的完整圖像。輕度、中度……隨著奶奶的病況日趨嚴重，我和這個家也漸行漸遠。我不想回家，也不敢回家。

拼圖的最後一角會是什麼？

我被擠出了奶奶的世界

才沒幾年，奶奶的狀況便急轉直下，而那一刻很快就到了，阿茲海默症的最後一片拼圖把我徹底擠出了奶奶的世界。

秋日午後，我推著輪椅陪奶奶到家附近散步。她的打扮很少女：淡紫色棉襖，上頭開著朵朵小花，搭一條正紅色圍巾，裡頭藏了隻粉色蝴蝶圖案。遮陽帽戴得高高的，眼睛在帽影裡微笑。

走著走著，奶奶轉過身問我：「我們怎麼會在這邊啊？」

我答：「散步啊。你不是說想出來走走？怎麼了，口渴嗎？」

「沒有渴。」

再往前沒幾步，她又回過身問：「那你是誰啊？」

這個問題突如其來，更是我從沒想過的。片刻之間，我強忍著淚水，狠狠地咬著下唇，故作俏皮地回說：「我是國國啊！」

奶奶反問：「國國？國國是誰？」

「是你孫子，你親手養大的孫子啊！」

我不想在奶奶面前哭，因為我不想驚動她。回程的路上，我覺得家的方向好遠好遠，輪椅好重好重。抵不住的淚水直直掉，浸透了我的心，徹徹底底地掩沒奶奶在我心中巨人般的形象。

說好要帶我去上學的，說好要帶我去買新球鞋的，說好要帶我去玉里看爸媽的……過去的那些事情近得彷彿昨天才發生，在奶奶心裡卻消逝無蹤了。

對我來說，這就是拼圖的最後一角，一幅巨大的「阿茲海默症拼圖」完成了，奶奶被它無情地強壓著，貼得死死的，不留半點過往的殘影。

奶奶的記憶時好時壞，而我從高中開始的逃避心態也愈來愈重，總是抱著矛盾的心情，久久才回家一次。矛盾是因為人在外頭總是想家，一旦回到家卻又覺得心灰意冷。當家少了熟悉的溫度，home也就只剩house了。

她只是回到了，還沒有我的過去

大四時為了準備研究所考試，我回家的頻率變高了，待在家的時間也比較久，常常一大清早帶著書和老狗「碗公」去外面讀書，然後回家吃午飯。

每次回到家一開門，就望見奶奶坐在客廳裡的輪椅上。不管她記不記得我，總會轉過頭來對我微笑。當她記得時，嘴裡會小聲地說：「是國國回來啦。」遺忘的時候，臉上會露出「先生，你哪位？」的困窘。

每回我踏進家門，見奶奶喜孜孜地笑著，忍不住就貼上去挽著她的手，向她撒嬌。

有一天，我隨口問她：「你今天過得開不開心呀？」

「我每天都過得很開心啊！」她笑著答。

這一刻我突然覺得，在顛簸大半輩子之後，失智的她或許是此生最輕盈的時刻了。如果連被奶奶親手帶大的我都從她的記憶裡退場了，那更多的煩惱、牽掛和傷心的憾事，應該也一一從她的腦海裡被抹除了。阿茲海默症像是塊橡皮擦，它走過的地方，留下了最潔白無漬的奶奶。

看她像個娃兒一樣開心，我心想，她這輩子夠累了，給我的愛也夠豐厚了。

想到這裡，我不再執著，感到可以輕輕放下些什麼，也才第一次允許自己在她面前掉淚。

她困惑地問：「怎麼哭了？」

我撒嬌說：「想你啊！」

她疼惜地笑著說：「神經病，我不是就在你面前嗎？」

我挽著奶奶的手，輕輕靠向她，細細聞著那股我最熟悉的體味，那是奶奶的味道。在她的味道裡，有雙親般的威嚴和柔情，有最讓我感到安穩的記憶。

我在心裡對她說：「奶奶，你永遠、永遠在我心裡。」

奶奶不是忘了我，是整個人回到還沒有我的過去。那裡雖然沒有我，但有最無憂無慮的她。

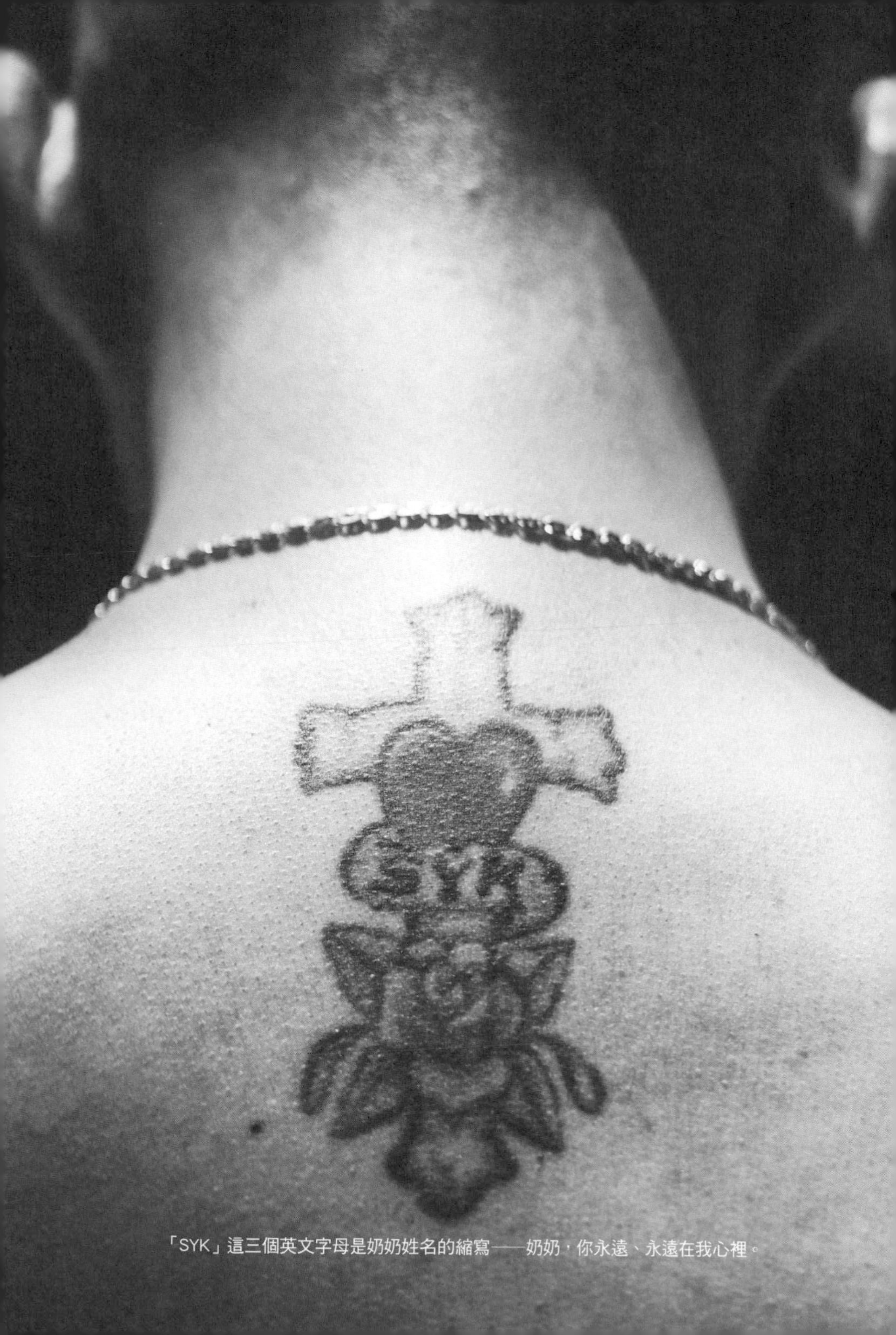

「SYK」這三個英文字母是奶奶姓名的縮寫——奶奶，你永遠、永遠在我心裡。

當製作人爺爺回到家裡

原來每當我故意衝他，總是他選擇退讓；
原來我曾以為恨透了他，其實是因為自己太在乎他。
原來讓我感受到「家的樣子」的人，居然是爺爺。

病危通知

奶奶過世六年後，醫院發出了爺爺的病危通知。

我在屏東山上教書，接到消息便趕搭末班高鐵回台北。又到了熟悉的這家醫院，還來不及去看爺爺，大姑媽先把我拉到一旁說：「你先回去陪碗公。」

我愣了一下，隨即大笑出來，在這種節骨眼上，我被派到的任務居然是回家遛狗。

「爺爺心電圖的走勢還算穩定，應該沒那麼快吧。」我在心裡跟自己說。

深夜的公園裡，碗公走走停停，不時擺出要便便的預備姿勢，最後總是虛晃一招。幾次下來，一種戲謔的喜感找上我。「這不是跟爺爺現在的情況很像嗎？」不管是守在爺爺身邊的家人們或正在出任務的我，爺爺每個過大的喘息都牽動著整個家族的不安與不捨。

看著陪伴爺爺十餘年的碗公，我心裡回想著一幕幕與爺爺互動的畫面。

金鐘獎爺爺

第一個流進腦海的是一張我和爺爺贏得的好幾座金鐘獎的合照，在那些獎座圍成的半圓形中央站著的是我。照片裡金光閃耀，卻看不到爺爺的身影，正如在我的童年記憶裡，爺爺始終是個謎樣的存在。

他從未現身家裡，幾次和他短暫的接觸不是在攝影棚，就是在人稱「文大製作」的文從道辦公室，而所謂的接觸，也只是我遠遠地看著他在吞雲吐霧之間，用指揮千軍萬馬的口吻和別人談論著我聽不懂的影視事業。我生日的時候，爺爺會出現在他事前訂好的高級餐廳裡，我只能遠遠地望著他，從沒機會和他說話，再回過神來他已不見蹤影，只留下一袋給我的紅包。

他太忙了。

麵攤爺爺

直到我國一那年，年老的爺爺終於洗盡風光，他回家了，開始在巷口賣麵，從此與我同住在內湖，但跟獨居汐止的奶奶互不往來。

他回來的頭幾年，我們倆大大小小的衝突不斷，輕則口角，重則互罵，明明同住一個屋簷下卻形同陌路。我心裡有太多對他的不解和偏見，甚至是怨恨。恨他過去在事業上的意氣風發，在情場上的風情萬種。恨他讓奶奶獨自撐起這個家，一個人面對患病的兒子、媳婦，又一個人帶大我。我斷定他是個不盡責的父親，否則我爸爸為什麼會發病，要不是他，我也不必孤孤單單地長大，一個人承受一切。

上了高中，我到學校附近租房子住，跟朋友廝混，在每個要不要回家的矛盾裡掙扎著對自己說：「嘿文國士，就回去一趟嘛！」一次次我押著自己回家，家裡等著的卻總是爺爺帶刺的關心和善意的誤解，從來不會有交心的對話。

高三學測結束了，我每天挑燈夜戰努力讀書的成果，卻是一張奇差無比的成績單。帶著鬱悶的心情，我難得回家一趟，爺爺的話一出口就變了調：「不會念書也不是你的錯。」在這種低落時刻還被他潑冷水，我氣得破口大罵：「幹！你兒子最會念書啦，看看他現在在幹麼！」

愛，才是值得去的地方

直到我上大學後，爺爺為了照顧失智的奶奶而搬去與她同住，這是他們兩人分開幾十年來，再次共處一個屋簷下。剛開始，奶奶照三餐跟他翻舊帳，逮到機會便把一世的委屈和怨恨往爺爺身上倒，爺爺只是耐心地聽著，從沒回過嘴，我猜他多少帶著贖罪的心情吧。

漸漸地，兩人終於能和睦相處，甚至還手牽手玩溜滑梯。說他們「重修舊好」可能有點牽強，因為我始終理不清他們到底有沒有相好過。我想，或許是阿茲海默症讓奶奶的心空了，好的、壞的都一一淡忘。

奶奶搭上了遺忘列車後，曾經視同陌路的爺爺居然成了她最信任、最依賴的內務大臣，所有的日常小事都要問他，像是：「早餐吃什麼？」「衣服怎麼穿？」「冰淇淋怎麼買？」等等。有一次奶奶問我幾點了，聽我回答後又跟爺爺確認過，才安心地說：「國國沒有騙我。」搞得我好氣又好笑。

也是從這時候起，我常一個人在餐桌上用餐，欣賞奶奶和爺爺在客廳邊看電視、邊吃飯的互動。奶奶問：「電視裡在說什麼？」爺爺便應個兩句。問答戲碼每隔幾分鐘便上演一次，而爺爺總是耐著性子回應她。

從旁看著這光景，我在想：這兩個人到底是怎麼走到這一步的？他們的分合，又影響了我什麼？

過去他們兩人都貌合神離地各過各的。奶奶養大五個小孩，又獨自帶大一個孫子；爺爺縱橫影視界，是外人口中的文大製作。經歷了幾十年的風風雨雨，生命的軌跡又把兩人連上了，在同一個屋簷下共度晚年。

最終，他們成了彼此的歸宿。而在陪伴他們晚年的這段旅程裡，我很意外地發現，讓我感受到「家的樣子」的人居然是爺爺。我曾經把他看成「凶手」，認為是他害我沒有父親，無家可回，但是在他對奶奶的百依百順裡，我感受到溫情的厚實。而他大半生的風光更像在提醒我，任憑我能飛得再高、再遠，終究得尋見一片棲息之地。爺爺帶我看懂了：愛，才是值得去的地方。

含蓄地愛著你

我赴屏東教書之後，距離隔得遠，反而讓我們爺倆變得更親。

頭幾個月，每當我要返回工作崗位時，他都把自己關在房內，我隔著房門只說：「爺，我要走了。」他頂多應個兩句。我們兩人都很含蓄地表露心底的不捨。

某一次我打開了房門，只見他側躺背對著站在房門口的我。也不管他真睡還是假睡，我過去蹲在床邊，摸摸他的大肚子，握著他的手說再見。後來漸漸地，在離開前我會緊緊抱抱他。沒說話，但又覺得說了好多好多。

然後情況起了變化。有一天，我道了再見，輕輕闔上房門時，爺爺害羞地說：「你還

沒抱我啊！」我笑著趕緊去抱抱他，也抱得特別久。

最後一次擁抱你

料理好碗公之後，我趕回醫院，貼在爺爺圓滾滾的肚子上。

這是我最後一次抱著他了。

往事歷歷浮現，許多過去曾經模糊的突然變得清晰了起來：原來每當我故意衝他，總是他選擇退讓；原來每次我刻意嫌棄變不出新花樣的整桌菜餚背後，是他沒說出口的溫情。原來我曾以為恨透了他，其實是因為自己太在乎他……

這晚，爺爺平靜地走了。

爺爺，對不起，為了我的少不經事。

你聽得見嗎？爺，我愛你。

揮揮手。我們再見了。

PART 3 「溫柔」的身教

搬石頭的人

我要到一個更開闊的地方，和一群彼此懂得的人攜手努力，
為了教育工作，更為了我想成為的樣子——
和學生一起移開他們成長路上的絆腳石。

差點忘了，那個曾想成為老師的我

因為念犯罪學研究所，我在和殺人犯罪受害者遺屬的訪談中領悟學會放下，才能放受了傷的心自由，也練習把這份體會帶進與父母的關係裡。

另一方面，開始思索自己在工作上想追求的價值。

考調查局是選項之一，一來想實現內心對於公平、正義的渴望；另一個考量則非常務實，因為調查官的社會地位佳，待遇好。然而，成天埋首苦讀的結果卻教人哭笑不得：僅僅差了零點一五分！這可是我有史以來考過最厲害的成績了。

隔年夏天從碩士班畢業後，我決心再戰，同時為了賺點生活費，我去考高中英語科的代課教師。由於沒什麼相關的面試和試教經驗，只準備了一項很複雜的文法和一些臨場用得到的笑話。結果其實不算太意外：我的笑話讓學生們笑了，但是觀課老師緊皺著眉，當然沒考上。

雖然沒考上，試教時，台下滿滿的學生讓我聯想到大學時期帶國小課後照顧班的經驗，回憶起那個曾經想成為老師的自己……

「那麼巧！我家也是低收入戶耶！」

我所帶的國小課照班，班上的學生不到十個，共通點是都來自單親、隔代教養的家庭，且多半有低收入戶的身分。他們和我有相似的家庭背景。

光頭的顯眼造型和外向愛演的浮誇性格，讓我比較容易和孩子建立關係，在閒聊鬼扯的過程裡，和孩子們談他們在意卻不主動提起的事情。在陪伴那群課照班的孩子半年多之後，我發現他們漸漸信任我，願意和我說一些心裡話。

有一次，我們聊到低收入戶的話題，他們輪番說起家裡多窮、多窮，講著講著，每個人的頭都低低的。

「那麼巧！我家也是低收入戶耶！」

這句話讓孩子們低低的頭抬了起來，可能我刻意表現自豪地大聲喊著，好像在說我家也有一輛超級跑車一樣。

對他們來說，很難把眼前白目搞笑的光頭大哥哥跟來自低收入戶家庭聯想在一起，也或許困頓的環境正折騰著這群才要建立自信心的孩子，他們一個個指著我說：「你騙人！」

「真的啦，來，我給你們看我家的低收入戶卡。」

他們輪流檢查我剛好帶在身上的卡片，像是臨檢的警察在檢查證件。

「這卡片是真的嗎？」

「所以……你家也很窮喔？」

「你家那麼窮，你還那麼開心喔？」

我回應著他們一個個的點評，心裡頭一次感受到，面對和我有相似家庭背景的小人類，也許我有能量做點什麼事。

大學時期的我，沒有將這份感受化為行動，直到考代課教師才令我重新覺察自己心之所向。比起高社經地位的調查官，陪伴學生的教育工作更吸引我，對我來說是更有價值的事。

雖然還不清楚它的具體意義，但我很清楚了：成為一名教育工作者，才是我要前進的方向。

在補習班，學會「陪伴」

不過關於教育工作到底在做什麼，我的想像很狹隘，心想，既然一般學校進不去，那就去補習班吧。從此踏入補教產業，在國中考高中的升學補習班擔任帶班導師。

帶班導師的工作一是行政，另一個部分則是盯學生上課，盯他們複習。

補習班是如此功利導向的世界，我卻幸運地在這裡初嚐教育令人動容的滋味，第一次深刻感受到對一個孩子來說，「陪伴」是多麼重要的事。

補習班下課後，我常常和諺明在公園聊天。國三的他在悶騷外表下，藏著很少和別人提起的煩惱，但是漸漸地他卸去心防，在公園深聊時，提起了雙眼失明的媽媽養他長大的辛苦，他眼裡冒出鬥志，說：「我要考上成功高中，當作給我媽的禮物！」

我陪著他規劃讀書計畫，替他打氣，感覺得到他對自己有多大的期待。

會考將近，某天晚上十點多，原以為教室應該沒人了，卻發現諺明躲在角落啜泣。其實我並不曉得他發生了什麼事，但我想陪在他身邊。走向他，靜靜地抱著他，感受他原本僵硬抗拒的身體漸漸柔軟，終於投入我懷裡放聲大哭。

會考的壓力太大了，他從國三才開始奮起，隨著考試時間愈近，愈是意識到任憑自己再怎麼努力，時間終究不站在他這邊，他想送給媽媽的禮物注定要落空了。

此時此刻，我只想讓失去自信的諺明看見他忽略的自己。我抱著他，提醒他：「上國三以來，你為了母親、為了自己所做的每個改變，都是真實存在的。比起結果，過程永遠更重要一些，而很多時候當我們回頭去看，才會驚訝地發覺原來自己走了那麼遠。」

像這樣陪著學生，在他需要的時候獻上溫柔的提醒，是我在教育工作上的追求。我陪著學生，彼此相互提醒，一起練習。

我想成為搬石頭的人

可是補習班畢竟是招生與成績導向，不是教育單位，理念不同使我萌生辭意，還在猶豫時，老闆覺得我很有個人風格，想把我拉上檯面成為有可觀收入的授課老師。

沒想到這份「肯定」，反而促使我做了決定。

「好好教，你有機會成為我們的招牌。」老闆對我說。

收入和名氣是真實的誘惑，但更令我心動的是授課老師除了教英文、開黃腔、鬼扯淡之外，還可以和學生分享自己的成長經驗。

我心想，這是個好機會，透過孩子，種下對精神病友理解的種子。

「Boss啊，上課的時候如果時機合適，我可以和學生提自己的成長故事嗎？」我問老闆。

「當然可以啊！理化老師就常提他爸撿破爛的事，滿激勵人心的。」

重點來了。我半開玩笑地說：「嗯。那如果父母都是精神病呢？像是精神分裂？」

老闆漫不經心地回：「成長故事加點料可以啊，但是不能用掰的吧。」

「這當然啦。只不過……剛好我爸媽都是精神分裂啊，哈哈哈！」

伴隨我笑聲而來的是老闆的錯愕。「呃……公司有公司的商業考量啊，我還得顧到家長的反應，你要講這個……」

他的回應我可以理解，這就是我想先和他討論的原因。我在乎公司，也清楚有些人就是會有的恐懼和臆測，我不願因為自己想做的事危及補習班的利益。

可是我無法接受繼續待在一個對我和我的背景不支持的地方。

短短的對話裡，老闆其實送給我很大的提醒：面對不如人意的環境，我可以選擇接受它、改變它，或是離開它。

我選擇離開。

就像詩人紀伯倫提醒的：

我們都是行路人，都曾被石頭絆倒；後來者之所以被同一塊石頭絆倒，只因為先行者沒有挪開石頭。

我要到一個更開闊的地方，和一群彼此懂得的人攜手努力，為了教育工作，更為了我想成為的樣子——

我想成為搬石頭的人，和學生一起移開他們成長路上的絆腳石。

我要為台灣而教

我想起那些好老師對我的影響：一開始，我是為了他們而改變，但是漸漸地我為了自己而改變。一切的扭轉，都源自於有人願意長期付出穩定的陪伴。

TFT的吉祥物黑熊刻在我背上。教育，是一輩子的使命。

投入偏鄉教育

離開補習班之後，原打算到南投國姓鄉的國中任教，就在這時，收到好友轉貼給我TFT的第二屆教師招募訊息。TFT「為台灣而教」是為了要改善教育不平等情況的一個非營利組織，期待讓每一個孩子享有平等的教育機會。每一屆的教師計畫為期兩年，希望招募多元背景的年輕人在合作的學校駐點教學，兩年之後，無論這些老師們是否留在教育單位，也都將能在各個領域繼續發揮影響力，改善教育不平等的情況。

「願有一天，台灣所有的孩子，不論出身，都能擁有優質的教育和自我發展的機會。」這是TFT的願景，而我完全被「不論出身」這四個字所打動。

太多時候不是只要我們肯努力，就能超越自己的出身，就像我念犯罪學研究所時接觸到的，許多受唾棄的重刑犯都有著長期被嚴重虐待或忽視的成長經驗。但在另一方面也有好多幸運的故事，脆弱的生命因為被呵護而絕處逢生，一切的扭轉，都源自於有人願意長期付出穩定的陪伴。

我想起大學教授謝錦老師和高中的導師鐘新南，以及這些好老師對我的影響：一開始，我是為了他們而改變，但是漸漸地我為了自己而改變。

在大學畢業典禮上，我對著台下的家人說：「教育最美的風景，不是望子成龍的期待得以兌現，而是陪伴一個生命的蛻變。」

我想延續這段感動，從愛的接收者成為愛的傳遞者，把自己所經歷過的幸運傳出去。

以二〇一五年——我成為TFT第二屆教師的這年，替自己迄今為止的人生做個小結，我想我會這樣說：

雙親因病的缺席，讓我好長一段時間在愛的匱乏裡撕裂著、混沌著。何其幸運的是，在家人和幾位老師的陪伴下，愛的領受終能讓我從混沌中生出韌性，任性十足的韌性。笨手笨腳地，我解構了愛，試著重新建構。處處結痂的傷，舊的、新的，讓我不斷更新對愛的理解。大了，大到有能力做選擇了。我選擇加入ＴＦＴ，把愛傳出去。自信而謙遜地，為台灣而教，為自己而學。

在ＴＦＴ，遇見了一起為教育努力的夥伴們。

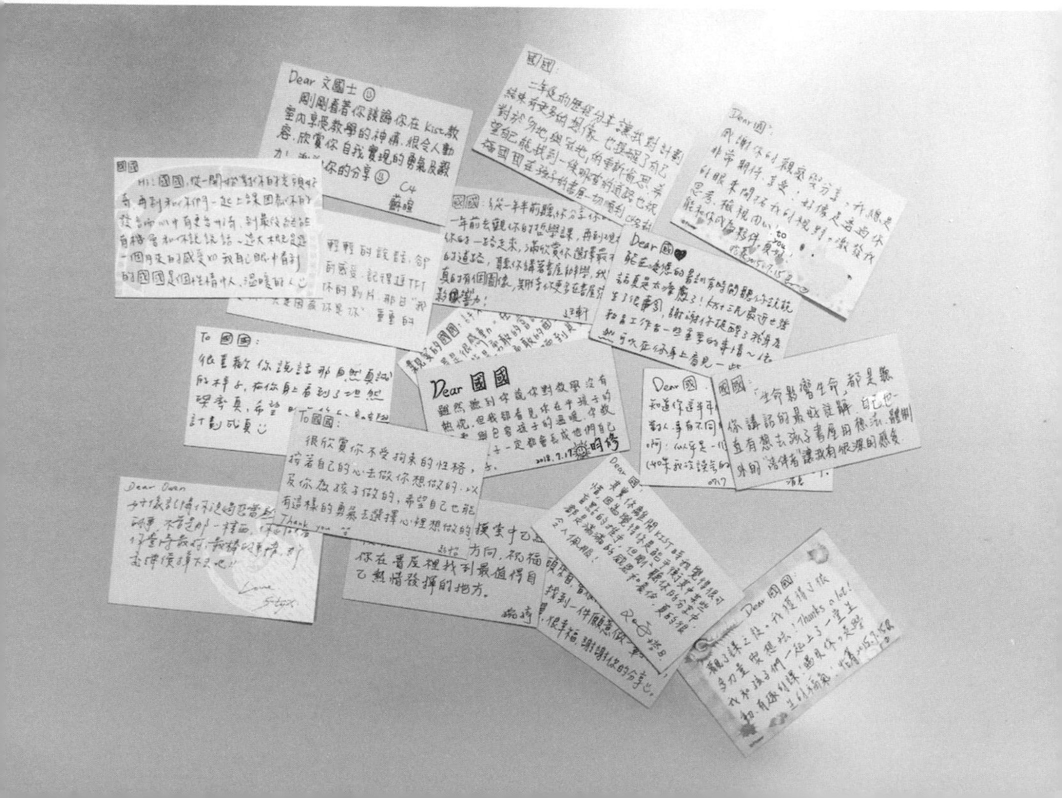

「小柚子」

加入TFT之後，要參加五週的密集暑期培訓。在暑訓期間的觀課項目，我連續五天都在同梯「小柚子」的課堂，看著台上的他為了吸引整班精力旺盛的學生專注而使出渾身解數，愈挫愈勇。

最後一天上課了，但他在講台上還是像第一天那樣顯得氣虛。面對吵鬧的學生們，他試著用上我們倆前一晚聊出來的方法。

「來，我等你們吵完。」他溫柔而堅定地說完後便靜靜地站在講台上，試著用無聲的空白讓學生們安靜，可是台下的學生們不以為意，繼續胡鬧。

他的糗樣讓我在一旁憋笑到不行，同時想起某晚跟他的深夜對話。那時我問他：「為什麼你面對不受控的學生都一副慫樣啊？」

他理所當然地回答：「因為我想要他們專心上課啊！」

「你一直都這樣喔？」

「這樣是哪樣？」他不解地反問。

「就是……用討好的方式面對人啊。」我直截了當地說。

他沉默了好一陣子，接著有點沮喪地說：「好像是吧……」

「從什麼時候開始的？想到那個要討好別人的自己，你會想到什麼事情？」我想要跟他一起探索這份「討好」的源頭。

小柚子是典型的「乖孩子」：為了不讓父母失望，為了成為弟弟的好榜樣，努力地做到乖巧、順從。而他原本沒有察覺到當他成了老師，站在台上，也是乖順地在面對學生。

過去的成長經驗，形塑了我們成為一位老師的姿態。我們要學的還很多，但是對我來說，能夠有這份深刻的自我覺察，說明了他就是一個好老師。深夜裡更顯黯淡的他，其實綻放著光芒，那是教學的勇氣。

「雪」

結束TFT的培訓之後，我便前往即將服務兩年的學校——地磨兒國小德文分校。一大早從台北出發，經國道轉縣道，輾轉駛上陡峭蜿蜒的小路，到了下午五點多終於踏上學校操場。這裡是屏東縣三地門鄉，一個好山、好水也好多蛇的排灣族部落。學校很迷你，我帶的三年級班只有五個學生。

站在操場中央，眼前是教室，身後是一座小小的司令台，以及無際的遠山和山谷。那個當下，我只覺得自己好渺小，有點想哭，想回家。

後來才知道，客座他鄉的漂泊感，是那兩年我最親密的朋友。平日裡它陪我備課，深夜中指引我下山的路。假日時它伴我沉思，看老鷹翱翔於天際。孤單是我的常客，特別是當人在異鄉，在遠離塵囂的山林中。可是它不是我唯一的朋友，我仍需要夥伴。

暑期培訓只是為我們的教學能力打地基，在這兩年期間還有十餘次長短不等的加強版培訓。靠著培訓充實專業能力外，我們討論教學、分享近況，交換彼此遭遇的難。笑了，為自己犯下的愚蠢錯誤；哭了，總有太多的挫折和自責。在喜悅和懊惱之間，彼此一時的得失都是深刻而綿密的提醒，提醒我莫忘初衷。

平常分散各地的日子裡，我們也密切聯繫，分享各自遇到的狀況。

某天深夜，在台南教書的雪打電話給我。一開始聊得很開心，她說經過耐心陪伴，學生的常規表現和英文成績終於有了起色，但漸漸地，她的語氣變得消沉。

「最近我發現學生表現好的時候，我好像很少稱讚他們……」她說。

「是喔？認真想想，可能也不太意外吧！」我直接做出反應。

她反問：「為什麼這樣說？」

「因為你可是一路上都非常辛苦地在名校裡求生存啊，不是嗎？你不是滿級分天后嗎？」

「跟這個有什麼關係？」雪的語氣有些困惑。

我對她說：「會不會，你一路以來都是品學兼優的高材生，但也因為太優秀了，別人看不見你多努力，只覺得那些都理所當然，對你的期待和要求更多，久而久之你好像也習慣了，可是其實你一方面對這樣的自己感到自豪，心裡卻仍然覺得矛盾，有負擔。現在自己成了老師，或許不經意地戴上了過去別人加在你身上的，『學生就是應該如何如何』的鏡片，使得你看不見學生的努力，就像你總是吝於肯定自己的付出一樣……」

其實，我們都夠好了

走在教育工作的路上，總是往前跨一大步，不小心又倒退兩步，接著再緩慢地向前一小步。

我們都需要別人提醒我們去看見，眼前的學生和過去的自己是多麼單純地在奮力為想要的付出。而當我們累了也淚了，就容易忘記其實我們都夠好了，只是想要更好。

我在德文分校的六個小孩：有一個於期中轉走了，仍是我愛的孩子。

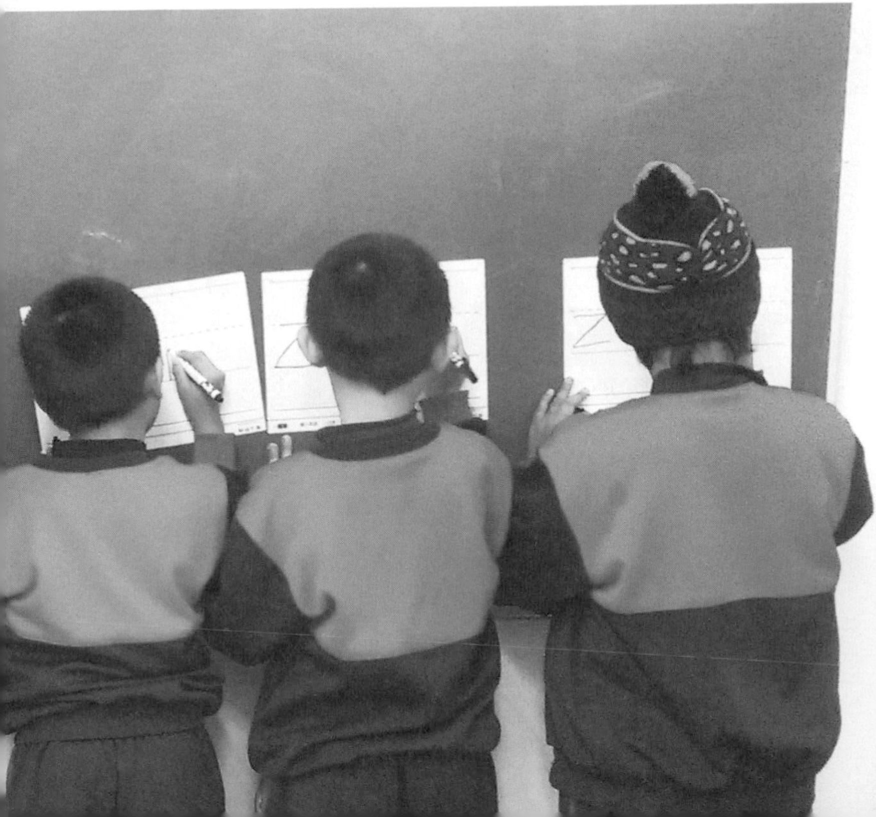

你是我的
最愛
ILOVEYOU

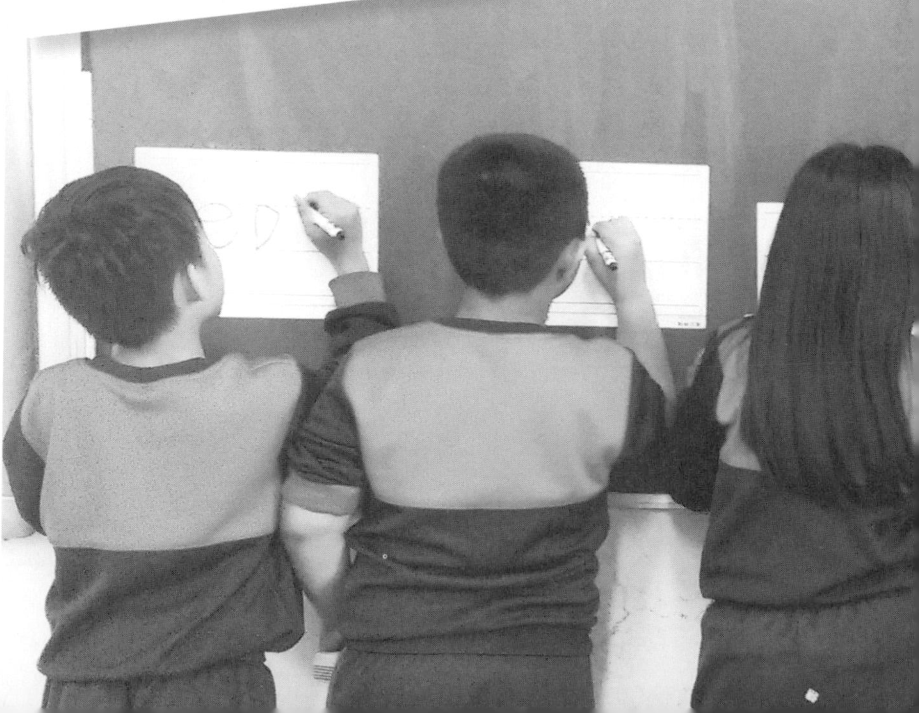

無條件的愛

我們也都曾在心裡指控那些讓我們失望的大人，
只是我們忘了，變了，妥協了。
我們長大了。
像綠這樣的孩子，我們陌生嗎？我們對自己陌生嗎？

TFT曾在華山1914文化創意產業園區舉辦一項展覽，希望帶動更多人關注偏鄉教育議題，為了吸引大家看展，我們做了幾支短片，其中一支短片的主題是「無條件的愛」。「無條件的愛」如果觸動過誰，我想那是因為在愛裡，我們都受過傷。

無條件的愛在哪裡？它說的是這個故事……

模範生的「綠」

因為擔任ＴＦＴ的「為台灣而教」第二屆教師，我來到屏東三地門鄉，在海拔近九百公尺高的高山上，展開為期兩年的教育任務。

被群山環繞的操場裡，有個小三的女孩奮力奔跑著，一天、兩天，一週、兩週……周而復始。原來這就是熱愛跑步的樣子。好多次，早上八點不到，我懶洋洋地趴在教室二樓走廊的牆邊，太陽對著我晒，我則看著女孩在操場上馳騁的狠勁，看她的馬尾隨風飄起。那種揮灑、那種盡興，是一種單純、原始的野，野得好迷人。

教室裡，同一個女孩靜靜地寫著字，不為功課，只因她喜歡。她喜歡木頭筆在紙上走過時發出的聲音，我也好喜歡。也是同一個女孩，拿著《山豬・飛鼠・撒可努》的作者亞榮隆・撒可努（Sakinu）厚厚重重的小說，一個字、一個字地唸給同學聽，不是任務，只因她喜歡。

這個女孩，名叫「綠」。

能動能靜，或是說允文允武好了，不管我怎麼說，那大概都只是我作為大人對她的觀察，對她的評價。對綠來說，事情可能很簡單、很單純，她只是喜歡在對的時間，和她喜歡的人一起做她喜歡的事。

綠還喜歡唱歌。每個禮拜三，她都會拜託我在中午之後載她下山，好讓她趕上合唱團的練習。

單單純純的綠所喜歡的一切，讓她成為我們大人眼中的好學生、乖學生和模範生。

作弊的「綠」

那是剛認識綠的第一次段考，所謂的無人缺考，不過也就「全班」五個小人類。當一個班上只有個位數學生的時候，基本上，學生可以打消作弊的念頭，除非監考老師睡著了——但我醒著呢，看得清清楚楚，包括綠和她的努力。

我讓她先考完，反正一時之間也不知道該怎麼處理。

教書之後的這幾年，好多事，我都不知道該怎麼處理。但說起來有點哀傷，每每遇到不知道該怎麼處理的事，我都會回想自己求學時如果發生類似的情況，同學或我會被怎麼對待。這樣一來，至少我會曉得不該怎麼處理。

這次，是關於學生作弊。

下課鐘響了，我說：「大家辛苦了，出去跑一跑、跳一跳、甩一甩吧！」孩子們便一窩蜂地衝向自由，留我獨自一人。我想這樣也好，漫不經心地整理著考卷，明明才五張，感覺起來卻整理了好久……

該怎麼處理呢？沒個想法。

哭訴的「綠」

綠剛才作弊的畫面還在我腦中轉，她本人倒是跑回了教室，樂不可支地朝我衝來，撲通一下就坐到我的腿上抱我，像平常那樣。

她劈里啪啦地說著教室外頭的趣事，我沒回，也沒抱她，就只是靜靜地聽。等她分享完了，我這才好好地抱抱她。

「綠，剛剛考國語的時候，我都看到了。」我貼在她耳邊，細聲地說。

前一刻歡樂的氣氛被我凍結了。她沒回話，我也沒繼續說，我們就只是靜靜地抱在一起。

有時候要導正學生的不當行為時，為了舒緩對方的焦慮感和防衛心，我會牽著學生的手或是搭著他們的肩。但我抱著綠說這番話，是希望我的體溫能讓她感受到信任，信任我是無條件地愛著她。

我摟著綠窄窄的肩，希望她沒從我的眼神裡感受到責備。望著她淡漠的表情，我看到的卻不只是她，而是好多的我們。

我有話想說。

「綠，你相不相信，就算你考零分，我還是愛你？」

我倆陷入了幾十秒的沉默……接著，本來一臉木然的她突然回神，變得嚴肅，漸漸地，她的呼吸急促起來，那裡頭埋著她深深的壓抑與懷疑。淚終究止不住了，從她泛紅的眼裡直直落下，從淚珠到淚河。

我沒抱她，這是屬於她自己的時刻。但我陪著她，陪她哽咽。她使盡全力地想說些什麼，但她的情緒不允許，在五、六次的嘗試裡，想說的話始終被哽咽聲打住，而最後，那句我不會讓自己遺忘的求救聲還是給她吼出來了：

「你騙人！」

那是哭訴——對著我，緣指控的是成人世界裡的我們。

我們也都曾在心裡指控那些讓我們失望的大人，只是我們忘了，變了，妥協了。我們長大了。

怎麼會這樣？這不足十歲的孩子已經學會滿足大人的期待，只為了感受被愛，只為了生存。她才十歲啊！

像緣這樣的孩子，我們陌生嗎？我們對自己陌生嗎？

「我愛你，只因為你是你。」

有人是這麼說的：我們學習知識的地方就是我們認識愛的地方。家庭、學校，不就是傳遞知識的場所嗎？知識，不是該讓我們因為獲得而成長，因成長而喜悅、自信嗎？

我們都大了，大到要面對成人世界裡的一切，關於金錢、地位、意義和價值。我們焦慮且不忍，希望下一代比自己更幸福，即便我們自己也不很清楚幸福的模樣。我們都大了，大到要獨自療癒未成年之前的心傷，經由投射、複製和延續，我們成了當初讓自己受傷的大人。

然後，帶著對孩子的期待和自己未痊癒的傷，我們進入和孩子的關係，一不小心就讓孩子成了幼小時的自己。

我這樣說，當然不是指責誰。誰有資格指責為了孩子盡心盡力，忘記自己的大人呢？我這樣說是因為我想做些改變，從我自己開始。

我想要和孩子一起練習從內疚中改過，而不是在責罵裡認錯。我想和他們一起練習在滿足裡求知，而不是在迎合中取巧。

我想要練習無條件的愛。

我想做這樣的練習，即便對我來說真的好難。但就是難，所以值得堅持，因為我是真的相信，無條件的愛可以培養出無畏、無敵的生命。無畏，因為我們知道再怎麼不堪，總有人會接應自己；無敵，因為在離棄完美、走向完整的解放裡，我們已經消融了最大的敵人——我們自己。然後我相信，這樣我們都能更自由地走在自己選擇的道路上。

練習無條件的愛，我要讓孩子感受到：「我愛你，只因為你是你。」

內疚的眼淚

我們都期待別人溫柔地回應自己的過錯，
但我們都預期認錯只會是挨罵的開始，所以我們都不認錯，
不是不想，而是不敢。

董哥，你走錯方向了吧……

我熱愛我的工作，但一個月裡總有那麼幾天，「I love my job, but not today.」（我熱愛我的工作，但不是今天）的慵懶感會找上我，讓我恨不得裝病請假，窩在住處。每當慵懶感來襲，我就會在開車上山去學校的途中，替自己做心理建設：

「今天就慢慢來吧！今天最重要的事情就是管好自己的情緒，不停地深呼吸。」就怕不耐的情緒會影響到和學生互動的品質。

這天一覺醒來，慵懶感已穿好鞋子坐在我床邊，還硬是上了我的車，我怎麼甩都甩不掉。它今天特別沉，重到讓我覺得有點厭世的程度。在學校的時間因此過得比預期的更緩慢，每次下課鐘響都提醒我居然才又過了四十分鐘。我心裡煎熬得難受，總覺得度秒如年。

捱過中午……到了三點半，一整天最期待的事終於要發生了——再過二十分鐘，我就可以重獲自由身了！

「親愛的，你們抄完了沒啦？」我的不耐完全露出馬腳，幾位小老闆們倒是老神在在地抄著聯絡簿，讓我更加煩躁。當我檢查完最後一本聯絡簿，真心以為做完了所有例行公事，再過兩分鐘就可以下班時，小老闆的提醒讓我再度陷入絕望。

「國國，我們還沒整理教室。」

小老闆終究是小老闆，不會對自己的員工手軟的。看著我欲哭無淚，董哥一臉賊樣地走到我面前，用奚落的口氣盜用我平常的台詞：「你想下班，我們也想下課啊！但該做的事情沒做好，就只能加你班了。」

「鐘又還沒打，怎麼算下班。你懂不懂啊你。」我不爭氣地和董哥鬥嘴，他則得意地離開我面前。

但，離開的方向不太對。

他沒回去整理櫃子，而是朝著教室一角的那個塑膠罐子走去。

就讓他犯錯吧

在那個罐子裡，放的是全班一起養的蛹，結實的蛹就掛在塑膠蓋子的頂端，看起來搖搖欲墜。之前他們就對我耳提面命過，說這蛹可碰不得，要是受外力干擾掉了下來，就沒機會破繭而出了，所以大家都很小心。

董哥站在塑膠罐子前面蠢蠢欲動。他先是從不同的角度研究那個蛹，接著，對罐子吹了幾口氣，眼看蛹沒什麼反應，他老兄的手指頭便按捺不住……

我在教室的角落裡，靜靜地看著董哥的行徑，他身後那群認真整理教室的同學們都成了模糊的背景。

我是直接阻止他好，還是看著他犯錯好？

我焦躁了一整天，如今眼看就要下班了，心裡好掙扎。

董哥用手彈了塑膠罐子一下。

……就讓他犯錯吧，也許一整天下來，為的就是此時此刻，我這樣安撫自己。

第二下、第三下，終於，董哥罷手了，因為那個蛹已掉到罐底，宣告無緣破繭而出。他貼近罐子再看了一眼後，就若無其事地離開。

無法準時下班了啊！我想既然如此，那就來做個「整套的」。

溫柔，堅定，對事不對人

下課鐘響，我倒成了教室裡唯一沒打算下課的人。

「親愛的，我們班上剛剛發生了點事，得全班一起面對。請你們先去看看那個塑膠罐子，再回來坐好。」

一群同學們圍過去，看著罐子驚呼：「蛹怎麼會自己掉下來?!」

唯一沒圍過去的董哥則和我在教室的正中央四目相對。我們雖然沒有交談，但從我的眼神裡，他大概猜得到一切都讓我看在眼裡了。

一群人仍圍在罐子旁議論紛紛，待我催促他們都坐回位子後，又花了近十五分鐘的時間鋪陳——為了提供一個讓人敢認錯的安全空間，溫柔，堅定，對事不對人。

我從確認每個人都知道不應該對那個罐子施加外力開始，慢慢地讓大家曉得，其實我目擊了這一切的發生。

「有人有勇氣承認是他做的嗎？我們都知道，在全班面前要承認這麼嚴重的錯很難。但我們也都曉得，大家只是想搞清楚狀況，再一起想想該怎麼處理，而不是想怪誰、罵誰，畢竟我們都會犯錯。有人要承認嗎？」

四張狐疑的臉左顧右盼，再加上一顆垂得低低的頭。全班沒人說話。

我握著董哥的手，蹲在他身旁，對他說：「董哥，我必須很遺憾地說，我看到是你做的。」

這下子，所有的目光全都集中在董哥身上了。

剛被指認出來，就算本能地否認也是人性吧，但董哥並沒有激動地矢口否認，只是本來就低著的頭垂得更低了。不知道為什麼，大家都只是靜靜地看著董哥，沒人出聲，感覺像在等待他回應。看來，只有他能打破這沉默。

「對不起……」董哥吞吞吐吐地說。

他認了，他在全班面前認了！這一刻不容易啊。我替董哥的勇氣感到開心，更謝謝全班替他營造一個有安全感的氛圍，他才能在短短的時間內就承擔自己犯的錯。

「親愛的，你現在有什麼感覺？」

「我覺得……我覺得有點緊張。」董哥依舊低著頭，微弱地說。

「我也感受到你的緊張了，董哥。你為什麼覺得緊張呢？」

「我怕會被大家罵。」

「真的，要是我，我也超怕的。以前我偷奶奶的錢被發現的時候，奶奶一直瞪著我看，害我什麼都不敢承認。但親愛的，你願意把頭抬起來看看嗎？」

我們都期待別人溫柔地回應自己的過錯，但我們都預期認錯只會是挨罵的開始，所以我們都不認錯，不是不想，而是不敢。經驗法則告訴我們，認錯通常沒什麼好下場。

我摟著董哥的肩，邀請他抬頭感受在場每個人釋出的善意，讓他更能感受到這一刻，全班給的寬容。

「你仔細感受一下，從剛剛到現在，有人罵你嗎？或是讓你覺得凶巴巴的？沒有耶！你看，大家多支持你，多愛你，就像別人犯錯，你也會包容他們那樣。」

董哥仰起頭來，沒多久，竟滑下兩行內疚的眼淚。

被原諒，被接納，被愛

這一刻，學生教會我了。有時候比起在學生犯錯前，搶先阻止事情的發生，或許可以先看著他犯錯，再一步步慢慢地讓他流下內疚的眼淚。

同學們都圍上前安慰董哥，讓他感受到被原諒和接納，感受到愛。

「有學到教訓就好啦！」

「別太難過啦。」

當然也有：「哭屁喔！」

我陪在旁邊，心裡莫名地澎湃。「這就是教育啊！」

看看手錶，居然要五點了，我終於可以……下班了。

I love my job, especially today.

我熱愛我的工作，尤其是今天。

道歉，是需要練習的

我按捺住想教他們好好練習道歉的衝動，只在必要的時候提醒他們該好好看待這件事。若我過度地介入，到頭來可能讓他們什麼都沒學到。

五虎將勇破玻璃

週三的早自習時間，分校主任眉頭深鎖地跟我說：「國國，你們班那五個上週五的時候，把村辦公室和衛生室的玻璃全打破了，搞到衛生室主任都報警了。」

「那麼有搞頭啊！」

對照主任臉上的愁容，我知道我的反應有點太興奮了，但這是因為我真的很興奮啊！我們不是都說「犯錯是學習的開始」嗎？擁抱、慶祝錯誤的說法或許太不貼近人性了，但每天，我確實都在練習以平靜、包容的心，跨越對、錯二分的思考慣性，讓錯誤能替學生和我創造更深刻的對話、體會和改變。

在與學生相處的每個日常裡，我同樣在練習把學生和他們所犯的錯看成兩個獨立的部分。我想讓學生感受到，錯誤是他們和我的共同敵人，我是能讓學生感到信任、安全的戰友，協助學生把錯誤趕出他們的世界，而不是只會打罵學生的責備者。

然而，我們班那五虎將勇破玻璃的事件所帶給我的興奮感，當我跟著主任到了村辦公室一樓大廳的時候，瞬間灰飛煙滅了。在那裡等著的除了村長和幾位行政人員之外，還有兩名警察。大家每天生活在部落裡，彼此多少都認識，平常碰到了也會親切地打聲招呼，然而此刻我被大家嚴肅的神情所感染了。

村長問：「國國老師，這到底是怎麼回事？」語氣很平靜，卻讓我更是不知所措，吐不出半個字，因為我自己也才剛得知這個狀況，還沒來得及向學生詢問事情原委。我只能滿懷歉意地頻頻鞠躬道歉，再怎麼說，都是我沒教好。

先釐清自己的情緒來源

長一輩的人都說「愛之深，責之切」，但是當了老師之後，我常在想：責備到底「切」中了什麼，又「竊」走了什麼。

責備，切中了犯錯者害怕挨罵、受罰的防衛心，再多的道理和教訓，只換來一心想逃跑的犯錯者幾句配合演出、有口無心的道歉。

責備，也竊走了每個錯誤可以帶給學生的寶貴禮物，關於要成為更好的自己而願意做的一切彌補和改變。有一個從小被家人罵大的朋友跟我說過：「到現在我只記得每次我都被罵得狗血淋頭，不記得我到底做錯了什麼。」

但也是在當了老師之後，我才深深地體會到要以平靜、包容的心面對學生犯的錯有多難，需要消耗多大的時間和精力來練習。

學生犯的錯，特別是那些重複犯下的或嚴重的錯誤，總不免替我招致或重或輕的外在質疑與自我懷疑，而這些挫折在在侵蝕著我想成為一位好老師的信心。然後，在教室這個封閉、權力不對等的空間裡，我又可以輕易地把自己的深層無力和負面情緒，以教育之名，合理地轉嫁在學生身上。嚴格來講，一句責備的話、一個失望的神情，都可說是大人對小孩的索求。

如果我把自己的情緒發洩在學生身上，縱使外人看起來再不著痕跡，我都會覺得自己是教室裡的「恐怖情人」。被標籤為恐怖情人的人，會不會是因為心儀的對象不接受自己的愛，或伴侶表達愛的方式不是自己所熟悉、期待的，而選擇玉石俱焚？當學生的表現不如我所預期時，我要怎麼回應？

我不允許自己這樣。學生需要的是負責的成年人，專業的教育工作者。

每當他們的表現不如我預期時，我內心的第一個反應都在練習「釐清」：釐清自己的情緒來源，區別出我自己的和學生的課題，在協助學生負起責任的同時，我更練習收斂自己的情緒。

我相信長遠來看，這樣才能真正幫助到學生，進而感受自己在工作上的價值。

我們都犯過一樣的錯

氣壓低沉沉的，我們一行人走向二樓的案發現場，心虛的我自然是走在最後面。

站在二樓辦公室的大門口往裡頭一看，那場景讓我錯愕到只能在心裡苦笑，想著：「你們這群人也玩得太開心了吧！」

幾大片玻璃碎了滿地，能碎的都碎了，原本擺得好好的獎盃也被砸落倒地。大大小小的「凶器」石頭，目測就有好幾十塊。我完全可以想像上週五體育課時，這群玩過頭的五虎將把村辦公室一格格的玻璃，當作夜市裡的棒球九宮格來砸。但……這可是村辦公室的玻璃啊！

「好，週五我會準時跟學生、家長開協調會。」我照著村長的指示，承諾會通知家長，並準時來開會。

村長和警察確認是學生搞的鬼，又沒有東西遺失後，一直叫我回去別太苛責學生，他們有從中記取教訓就好。「我們都犯過一樣的錯嘛！」村長說。

我內心覺得很感動，大家都是朝著修復的方向思考，而不是處罰。我想，這不單單是同理和人情味而已，而是藏著一種深切的教育哲理：比起處罰，更重要的是「如何修復」，包括物理上的以及教育上的。

跟孩子一起還原事件現場

雖然我知道要是這禍是我闖的，我大概也沒勇氣主動認錯，但回到教室裡，還是為了班上的學生沒向我坦承錯誤而感到失落。

課桌椅排成ㄇ字形，我和他們大眼對小眼，低著頭的、搓揉指頭的、故作輕鬆的，無論如何在我感受起來，他們都在用自己的方式掩飾不安。不是內疚、歉意，而是擔心被罵、受罰。顯然，這還不是開啟對話的好時機。再說，眼下我得先搞清楚當天到底發生了什麼事。

我以平直的語氣開口，只是跟他們說：「請你們一人拿一張白紙，把那天發生的事情寫下來。我特別需要看到的是，你自己在那天到底做了什麼事。」

懂了點刑法、刑訴的皮毛，再來當老師，才知道那些無罪推定、不自證己罪、共犯自白的證明力等等，總之，在沒有目擊證人，又沒有錄影機的佐證下，要還原真相真的好難，特別是當所有交回來的內容都在怪罪別人的時候。

五個人分別指出了五個不同的起頭人，像是：「我拿的很小塊。」「我只有在旁邊加油。」「我沒想過會被發現。」

最啼笑皆非的是，居然有人寫出「我們是不小心的」。

寫「我們」是好事，代表他不是只想到自己，但「不小心」是在不小心什麼？也太扯了吧！不小心丟，會準到村辦公室的玻璃全破！

自白沒用，那就開會吧！我請孩子們先針對自己「涉案」的嚴重程度，在一到十分之間打分數，並寫下原因。接著請他們圍成一圈，秀出自評的分數，讓其他人來評評理，而我只是在一旁聽著他們討論。

「你用的石頭比較小，不用到七分吧？」所以拿比較大顆的比較高分？咦？

「你砸碎五片耶！分數應該要再高一點。」所以丟不準的分數低些？咦？「是你要我們丟的，所以五分差不多啊！」什麼邏輯？咦？

就這樣，在沒有刻意設定的情況下，孩子們的對話大抵替我還原了情況。

原來是上禮拜五體育課的時候，像往常一樣，體育老師讓學生們去跑部落，結果其中一個孩子臨時起意，要大家拿石頭砸村辦公室……

剩下的就很好想了：在有人開第一槍之前，大家你看我、我看你，小天使和小惡魔在心裡打架。然後——砰！第一槍、第二槍，一個人、兩個人……直到最後，全班參戰。砸到沒有玻璃可以砸了就……就跑去砸衛生室的玻璃！就是這種好氣、好笑，卻又富藏人性的單板情節。

在還原情況、釐清責任又掏心掏肺地吐完嘮叨話之後，大半的時間，他們都在想週五開會時該怎麼道歉，又可以怎麼補償。

雖然是有一搭沒一搭地想，但是，「沒關係。」我這樣跟自己說。

好好地道歉

星期五，在村辦公室外頭等待村長和警察到的空檔，五虎將們抓緊時間為道歉做最後的「練習」：追逐、聊天、玩昆蟲……

這一切都看在同行的家長和我眼裡，有家長好意地提醒我，學生這樣是否太輕浮了。我笑笑地回她說：「沒關係，他們等一下就知道了。」

約定的時間到了，空空盪盪的村辦公室裡，唯一一張的長桌坐滿了大人，五虎將站在牆邊的角落，稍早的輕浮樣都給嚇散了，每張臉上盡是畏縮得不知所措。

當五虎將變成五隻貓，我想他們有機會更深刻地體會自己到底做錯了什麼，又錯在哪裡。在村長主導的討論下，大人世界裡該釐清的責任、該賠償的金額和後續該有的補償，一一確認了。嚴肅的過程裡，有大人嚴正的表情和超出學生預期的賠償金額，讓五隻貓感受到自己闖下的禍有多嚴重，僵硬的肢體掛著一張張頹喪的臉。

我說：「村長，我想那麼嚴重的事，還是應該要讓他們一一向大家道歉。」氣氛很沉，村長看我堅定的眼神也不好打圓場。於是我把學生喚到身邊，短短的距離，他們卻走了好久。

「要站就請你們站好。準備好的，就自己開始。」我刻意壓低聲音說著。低氣壓籠罩，時間都不敢往前多走一步。三分鐘、五分鐘、八分鐘……長長的時間裡，沒人吭聲。同桌的大人們可能是不好意思打岔吧，開始有點不自在起來，頻頻變換姿勢。我也拚命壓抑著想打破沉默的衝動，藉由深呼吸，讓自己慢慢等待。

這一刻，是屬於學生自己的，他們得自己熬過。

十分鐘、十一分鐘……時間一分分過去，有人想嘗試舉手但又作罷，有人嘴角微微顫動但就是差了一點，有人低著頭不停地深呼吸，有人尷尬得不停左搖右擺，有人彆扭到眼淚直流。

我和我的家長們使勁地憋住不笑，在心裡猛喊：「親愛的，加油啊！不要放棄，說出來！撐過去、撐過去！」

眼看就快過十五分鐘了。沒關係，就僵在那裡吧，要讓他們知道只有他們自己可以化解眼前的窘境，我這樣跟自己說。

「對不起……」第一個開口的，一說完就放聲大哭，一解這難熬又難得的壓力。我心裡很激動，替他和之後開口的每個人感到開心，欣慰的眼淚直直往肚子流。真的好不簡單，但他們最後還是做到了！這一刻，終於算是學了一課。

但，事情還沒結束啊！最後的最後，總該不免俗地要求他們一起鞠躬道個歉。

孩子們如波浪般扭扭捏捏地鞠躬道歉，但我覺得不應該是這樣的。當然，我可以喝斥他們說鞠躬道歉也該有個樣子，但我想如果這樣做，好像就前功盡棄了。

或許，從來沒有人示範給他們看過該怎麼好好道歉吧。

「村長、在座的大家，真的很抱歉，是我沒教好。」

我深深地鞠了個躬，像對偉人遺像那樣停留了好久才起身，接著看著學生，問他們：

「你們願意再試一次嗎？你們可以做得更好。」

這回，他們學會了。

有時候，消極的指引更適合

回到教室裡，我和剛經歷完一場震撼教育的小貓們說著，這兩天我是如何按捺想教他們好好練習道歉的衝動，只在必要的時候提醒他們該好好看待這件事。

我想讓他們知道，若我過度地介入，到頭來可能讓他們什麼都沒學到。而看似消極的指引，是我覺得可能比較好的處理方式。

親愛的，希望你們現在能體會：道歉，是需要練習的。

在vuvu女生的抱怨裡，有份因死亡而起的深深焦慮。她擔心自己和vuvu男生病痛纏身，來日無多，等不及看到小忠好好長大。而小忠才國小三年級。

「vuvu男生」和「vuvu女生」

我慣稱為爺爺、奶奶的角色，在排灣族語裡統稱為「vuvu」。「vuvu男生」和「vuvu女生」，是排灣族人區分爺爺和奶奶的叫法。

在部落裡，「vuvu男生」和「vuvu女生」常常得負起養育孫子女的重擔。隔代教養的原因很多，譬如單親或是雙親到外地就業，原因不同，卻都是我再熟悉不過的祖孫情。每次看著vuvu挽著孫兒，我都會在心裡發笑。那笑裡，是我對奶奶的思念。

經過我不嚴謹的調查統計，我的班上有高達六成的學生都可歸類在隔代教養（但我班上一共也才五個學生），當中最牽動我的是小忠。他的父親在他還嗷嗷待哺時便早逝，母親再婚後不方便照顧他，所以養育小忠這個擔子，完全落在vuvu男生和vuvu女生身上。

隔代教養

好幾次我在校門口等著學生來時，載著祖孫三人的藍色小貨車停在我眼前，小忠一躍而下，我則用撒嬌的口吻跟兩位vuvu說再見。

也有幾次才七點不到，我正駕著車上山，只見迎面而來那輛vuvu的藍色小貨車。vuvu男生握著方向盤，看上去有些無奈，vuvu女生摟著小忠，有點不好意思地看著我，而坐在中間的小忠總是盡量壓低了頭，好像這樣我就看不到他一樣。我搖下車窗跟他們打招呼，同時心想：小忠今天又會用什麼理由請假呢？

小忠假請得凶，有些時候是因為懶惰，或者想依偎在vuvu身邊，兩位vuvu禁不起小忠的一哭二鬧，便會臨時決定讓孫子「生病」。其他時候，則是因為癌症纏身的兩位vuvu需要到平地就醫、住院，家裡沒人可以照顧小忠，只能拎著他一起下山。

小忠不常來上學，但我和兩位vuvu的互動反而多，在家裡、在醫院，在他們每段有怨無悔的嘮叨裡。有怨，是對孫子深切的期待；無悔，是血親連結的深情。

在奶奶的愛裡野大

有一次，我利用下班時間做家訪，替小忠補課，也跟兩位vuvu聊天，逗他們開心。在屋前的空地，vuvu女生和我比肩坐在小板凳上。

「小忠很壞。」她沒好氣地埋怨著。

但這也不新鮮，不寫作業、罵髒話、拆房子……一個隔代教養下的野孫子會做的事，過去的我，現在的小忠，絕對都做好、做滿了。

vuvu女生的抱怨聽在我耳裡其實有種幸福感，我很慶幸小忠有愛他的vuvu讓他撒野。至於那些「不乖」、「逾矩」的行為，我想只要別太過分，好像也不失為生活中好氣又好笑的樂趣。

「哪裡有！」面對vuvu女生的抱怨，小忠不服氣地說。

「頂嘴！你的導師是哪個醜八怪？怎麼教的啊！」我淘氣地回著，小忠順勢回了句：「就是你啊，大光頭。」vuvu女生咯咯笑著，像是看著兩個愛孫在鬥嘴。

「逗vuvu女生開心」是我每次去小忠家都想做的事。一方面因為我自己是隔代教養下長大的孩子，多少能體會vuvu女生的辛苦，可偏偏在小忠這年紀跟他談太多的要懂事、孝順、惜福，根本無濟於事。就算他聽得懂，以他正在「無惡不作」的年紀來說，大概也還做不來。

我想有時候我能做的，是陪著vuvu女生苦中作樂，逗她開心的時候，好像也在慰勞我奶奶的辛勞一樣，畢竟我也是在奶奶的愛裡野大的。

另一方面則是因為我感受到在vuvu女生的抱怨裡，有份很深很深的，因死亡而起的焦慮。她擔心自己和vuvu男生病痛纏身，來日無多，等不及看到小忠好好長大。

他們倆三天兩頭帶著小忠去報到的地方——醫院，就有vuvu女生最赤裸的焦慮和我最失措的無力。

我明明對醫院的一切再熟悉不過，那是我父母當成家住的地方，也是我爺爺、奶奶晚年常去的地方，但每次去醫院探望vuvu男生和vuvu女生，我心裡卻總有股未曾有過的沉悶。我想，那是因為不清楚他們還有多少來日，但他們是小忠唯一的依靠，而小忠才國小三年級。

「我們死了以後，小忠怎麼辦？」

「我們死了以後，小忠怎麼辦？」vuvu女生曾經這麼問。

那是認識他們的第一年，大約是二月開學前後，記不清是第幾次去醫院探病，病床上的vuvu男生昏迷著，小忠在床邊玩手機，我握著vuvu女生滿是皺紋的手，聽她的天問。我不知道可以怎麼辦，甚至連安慰的話都說不出口。

「社會局的社工會接手照顧的。」這話一溜出口，我就覺得不如不要說。這樣回答或許沒錯，但是完全沒有辦法安撫vuvu女生的絕望。

稍晚時，我獨自步出院區，屏東的太陽很大，前方的路卻顯得黯淡。

隔年二月，開學日當天，小忠沒有出現，我索性去了他家一趟，也好跟vuvu寒暄。只見vuvu女生坐在屋前空地的小板凳上，我刻意特別有朝氣地向她打招呼：「vuvu，好久不見，好想你喲！」

她微微抬起頭，有氣無力地說：「國國老師，醫生說我快死了……」她說話時，我注意到那被癌細胞吞噬到內縮的雙唇。

我什麼也做不了，只能坐到她身旁，摟著她的肩，就這樣彼此靠著。每當她哭了，我就再摟緊一些些。

劃破沉默的仍是那聲天問：「怎麼辦？小忠該怎麼辦？誰照顧他？」

比起前一年束手無策又百感交集的自己，這回，我的心境坦然許多。這一年多來，經過似懂非懂地反覆思索，我只覺得未來的變數太多了，我們沒有理由太樂觀，但也不該過分悲觀。我們有的，就只是每個當下。

小忠的vuvu已經給出他們的所有了。至於未來，終究只能在未來去印證。

「vuvu，我也不知道怎麼辦。」我誠實地回答。「但我跟你說喔，如果小忠以後變壞了，你就把小忠和我綁在一起，再推到山谷裡。可是如果小忠沒有變壞，你要記得幫我找女朋友喔，要很漂亮的那種。」聽了我的話，vuvu女生笑了出聲。

苦澀，生出韌性

vuvu女生在二〇一七年的年底離開了。二〇一八年四月，傳來vuvu男生過世的噩耗。

我已離開那間小學一段時日，但在開車回三地門的路上，沿途總巴望著能再見到那輛藍色小貨車，而車上仍坐著兩位vuvu，但是個空想。屋前空地、藍色小貨車、咯咯笑的vuvu女生，已是雲煙過眼。

知道癌症不等人，知道兩位vuvu撐得辛苦，但想不到的是，他們兩人居然都來不及參加孫子的國小畢業典禮。小忠才準備升小六而已。

在vuvu女生的告別式上，小忠雖然對我帶著笑，但是躲我躲得遠遠的。而半年後的這場vuvu男生的告別式，他把我抱得好緊好緊。他的臉就貼在我的肚子上，我以深沉、緩慢的呼吸，安撫他哭到顫抖的身子。

我很想對vuvu女生和vuvu男生說：小忠的童年在你們的愛裡成長，這段祖孫情滋潤他許多。你們不在的日子，他會很想、很想你們，因為他曾經被你們深深愛著。這份溫情會存進他的記憶，成為給他的祝福。

苦澀；卻也因此生出韌性。

德文的角落。

先休息一下

未被滿足的對愛的渴求，
讓我不想活著，
同時更默默地期待「他們」——去死。

什麼是死亡？

在屏東教書時，我有一門課叫做「哲學討論課」，透過討論各式各樣小學生會感興趣的主題，培養學生和我自己的思辨能力以及民主素養。

在「理由永遠比選擇更重要」的核心概念下，我盡可能不逾越一名教師的本分，也就是說，不提供答案，只營造學生能自在發表意見的安全感，和一些必要的導引。在這個對學生和我而言都是既有趣又富挑戰性的課堂上，我們談權力和權利，聊偏見和刻板印象，我們練習思考、表達和傾聽。

某學期的頭一堂哲學討論課，我整理了一份討論清單，羅列出五花八門的題目，請學生從中選出自己最感興趣的前三名。每個學生依著自己的家庭背景和性格、興趣上的差異，自然各有所好，但交回來的排名順序中，「什麼是死亡？」這個主題，不約而同地都榜上有名。

「三、四年級的小人類，對『死亡』這個主題怎麼會那麼感興趣？」這對我來說始料未及。我這才意識到，是自己長太大了，大到忘記成人和小孩的渴望與失落並沒有那麼大的差異，只是後者的更純粹些，更接近原型。

我大到忘記了自己也好奇過、擔心過死亡，因為它好像會把我推向舉目無人的空虛裡……

我需要對生的指引

高一的時候，有陣子，我會在深夜裡翻閱精裝版的《西藏生死書》，讀得我眉頭深鎖，書中內容抽象到讓我想裝懂都不行。我看不懂，因為那是一本扎扎實實在談死亡經驗的書。它太認真在談了，認真到足夠讓我領會，其實我對「死亡」這個主題一點興趣也沒有。我需要的不是對死的解密，而是對生的指引。那是內心空虛、寂寞的青少年，想藉由理解死亡，尋找自己存在的意義與價值。

準確地說，高中時期的我，跌宕在「不想活著」的虛無中。但這不等於想死、想自殺。一個沒有瀕死經驗，也未曾死上一回的人，有什麼動機會驅使他真心求死？

求死，是因為困在囚生之中。

未被滿足的對愛的渴求，讓我不想活著，同時更默默地期待「他們」——去死。

死亡的劇本

高中的時候，我很少回家，因為每次回家都提醒著我：我只有我自己。

無數次，我在腦海裡想像著奶奶、爺爺、爸爸、媽媽接續死亡。倒不是真的希望他們死掉，只是他們的死可以讓我在說出心裡的這種感受時，變得更貼近事實：「我們家一個人都沒有，沒有我需要的愛，沒有我想要的親子互動。沒有、沒有，什麼都沒有。」

那是一種看得到卻得不到的憤恨與失落。對，我有生我的父母，但我沒有愛我的父母；我有愛我的祖父母，但他們隨時可能離我而去。

我的感受需要藉由他們的死亡獲得認可。他們都健在的事實令我空虛，阻礙我墜落到虛擬裡，和我真正的心情合而為一。

那種源自徹底空虛，竄滿全身的絕望感，是我高中時最嗜血的期待，也是最撕裂自己的恐懼。

我常常設想他們死亡的各種狀況，當中最常草擬的劇本是我奶奶的死亡，因為我最愛她，最不願也最害怕失去她。

各式各樣的劇本，完全沒有所謂的想像力可言，就是把電影、電視裡的主角換成我和奶奶而已：奶奶躺在醫院安寧病房的病床上，戴著呼吸器，心跳勉強運作著。但是，在我含淚說完所有我想對她說的話，最後一次親吻她滿是皺紋的額頭之前，她是不會斷氣的。電影不都這樣演嗎？什麼時候斷氣？要不是在我說完最後一句話之後，就是我扯下奶奶的呼吸管，再抱著她痛哭失聲，待心電圖上出現那令人心碎的直線……

但現實和我想的不一樣。

現實裡，奶奶辭世的那個深夜，我在部隊裡睡大頭覺。

為此，我曾深感遺憾好幾年，遺憾自己沒能在她臨終前守在她身旁。一直到幾年後，我才在母親的瀕死經驗裡體會到，自己原先對奶奶離去的想像是多麼浪漫天真，脫離現實。孝道與自私，自由與束縛，死了與活著——當親人的死亡真的發生時，才曉得有太多太多的細微末節是我想像不到的，也毫無常理可循。

「她」的病危通知

時序拉到我考調查局放榜的這一天。

本來應該是既期待又怕受傷害的這天，但我先收到的不是放榜通知，而是玉里榮民醫院打來的，她的「病危通知」。

那通電話的節奏很快，沒講幾句就結束了。掛上電話後，我覺得自己的魂似乎還沒跟上來，只依稀記得「壞死性筋膜炎」、「細菌」、「截肢」這幾個我兜不起來的名詞。還有，我得火速趕往花蓮慈濟醫院。

在火車上，Google了一下壞死性筋膜炎的相關資料，看著螢幕上跑出來的一張張照片，感覺很像到了牲畜屠宰場，各個部位的牛肉、豬肉等等攤在你面前，差別在於，我Google到的照片盡是血肉模糊，傷口深可見骨的人體部位。

「他們在那邊不是有醫護人員照料嗎？怎麼會發生這麼嚴重的事情？」我心想這中間必定有醫療疏失的可能性。但我再考量榮民醫院裡病友和醫護人員的比例，想到醫護人員終日得面對的工作環境，就覺得沒有探究下去的必要性，反正事情已發生，就看後續怎麼處理才好。

台北往花蓮短短的車程，除了短暫Google照片之外，就是目視窗外掠過的景色，那片景象二十年來沒什麼改變。靜靜地聽著火車滑過鐵軌的規律聲響，我以為自己心情滿平靜的，卻感到久沒發作的肩頸痠痛老毛病在隱隱不適。

到底發生了什麼事？

不截肢，她可能會死

到了。醫生沒什麼暖場便直接切入重點：我媽的左小腿長期潰爛又疏於照料，引發壞死性筋膜炎。看醫護人員的表情，任誰都清楚情況非常不樂觀。截肢能保命，若不截則極可能喪命，再加上她長期服用大量的精神藥物，使得動刀的風險相對提高。

突如其來的事件，總讓人有一夕長大的慌張跟不願。太短的時間內擠入太多陌生的訊息，爭相壓迫著我，逼我下決定。

（「等一下！」）

我很想大喊暫停，喘口氣，卻只能故作堅定。

花了近半個小時的時間，我耗費腦力向醫生問盡了我能想到的所有問題，以及所有可能性，但這終究不是我熟悉的情境，我哪有能耐窮盡一切……

又是半個多小時過去了。

期間，陷入昏迷的她就躺在我眼前，左大腿以下一大片怵目驚心的潰爛，白白紅紅的，深可見骨。

醫生離開了，剩下我和她。我這輩子第一次有機會好好看看這個人——這個在情感上和我沒有連結，卻讓我因為法律上的關係站在這裡的她。幼時的懼怕，乃至於後來的憎恨、厭惡，全都煙消雲散，都不重要了。一份淡淡的疏離感油然而生，望著她的病容，我卻不知道自己到底算不算認識這個人。

她消瘦了好多，也已半片花髮。二十年啊！她已經在玉里住了近二十年，這二十年，不知道她心裡作何感受。我這才感覺到，原來我大了，她老了。那個讓我和她共處一室便感草木皆兵的媽媽，已不復存在；那個在我面前對奶奶拳腳相向的媽媽，已不復存在；那個想從我身上榨出一點親子互動的媽媽，已不復存在。

二十年，她的瘋爪早鈍了，意志也早已被藥物消磨殆盡。而她這場病算不算好了呢？我覺得好難回答。但，真的是夠了。眼前的她只是隻遍體鱗傷的小貓，無論從生理上、心理上來說都是。夠了，真的。

漫長的二十年改變了一切，唯一不變的是，她從來都不是我的母親。

我覺得好感慨，為了我們兩人。的確心疼她啊！多數的人都會吧，病了大半生還得受這種苦，怎不惹人憐惜。可是我心裡知道，對著她，此刻我絲毫沒有為人子女對父母好像該有的那份擔心和心疼，甚至帶點緬懷。我也很希望有這樣的情感，但就是沒有。

我有著對於一個人的心疼、一條命的不忍，卻沒有對於一位母親的不捨。

我希望她死？……

下午三點多，我步出慈濟醫院，很需要透透氣。醫生要我盡早下決定。

大半天下來什麼都沒吃，我決定先去吃碗麵。可是，明明餓得很，卻食不下嚥。算了，轉而蹲在麵攤旁的水溝蓋上，菸倒是抽得很起勁。

現在得作主的是我。

到底要不要截肢啊？我拿不定主意。

如果截肢代表活下來，我在想什麼叫「活」？

我好想把她搖醒，問問她：她覺得在玉里的這二十年，她活著嗎？時間推得更遠些，從高中發病到她現在奄奄一息的四十餘年，她覺得她活著嗎？活得開心嗎？活得有品質嗎？活得有尊嚴嗎？

她那麼愛漂亮的一個人，睡個長覺起來，驚覺自己莫名其妙地少了條腿，這種打擊她禁得住嗎？

我沒有差啊，事情過後我會回到台北、回到我的生活。但是，如果失去一條腿會讓她痛不欲生，那把她救回來再送她回到無親無故的醫院，丟她在那裡自生自滅，是在救她嗎？對於活著的哲學辯論，我一點都不感興趣，只是不想用我的主觀決定一條生命的去留。這包袱太沉重。我好想把她搖醒，跟她說：「你可以醒來自己做了決定再繼續昏嗎？」

如果不截肢等同於步向死亡，我想到的是奶奶。奶奶還健在的話，應該會不顧一切地把媽媽救回來吧？姑且不論救回來是不是比較好，又是對誰來說比較好，我需要這樣子猜測來幫我踩煞車……

因為我內心深處最自私的聲音是：我希望她死。

就像把身分證上配偶欄的姓名除名來宣告一段婚姻關係的結束，我想用她的死，來結束一段本不存在的親子關係。這太誘惑我了，她終於要死了。我終於可以名副其實地說我是孤兒，我沒有母親，不用在背負孤兒感受的同時，卻在現實裡面對名存實亡的親子關係。

可惜，雖然我想狠下心，但就是沒辦法那麼自私。

就像我不會因著自己的私心，讓摯愛的人為病痛所困而拒簽放棄急救同意書一樣，我也不允許只因為自己的私心便了結一條性命。或者正是因為自私，我不想要自己跟這個人情感上唯一的牽連是操控她生死的內疚感，那會是絆我一世的難受。她已經絆我太多了。

周旋在這條命的生死之間，擺盪於自己的道德界線，我覺得好無助。剛好，大姑媽在這時傳了個簡訊來：「國國，做讓你安心的決定就好，我們全家人都支持你。」著實讓我輕鬆不少。

我想，還是保命好了。

我只是不願背負內疚

事後看來，截肢可能是比較好的決定。現在的她雖然面容憔悴，看似又老上了一輪，但面對少條腿的事實，看起來她還算是坦然以對。

然而，回到做決定的那個時候，其實還是我的私心——而非孝心——把她從鬼門關救了回來。在她因為不截肢而死亡可能會造成我的內疚，跟她因為無法面對截肢的事實而可能更崩潰之間，我選擇避開前者。

寧願她獨自承受濫活的絕望，也不要自己背負讓她好死的內疚。

說她很坦然地面對少了條腿的事實，或許是我在自欺欺人，一廂情願。其實我壓根就不知道，當她獨自一人面對她那不完整的腿時，是怎麼樣的心境和感受。就像我也不曉得當她面對她那不完整的生命，究竟是什麼滋味。

我知道的只是在這次事件之後，我對於自己當初缺席奶奶的臨終，有種「幸好」的輕鬆。我怎麼可能有勇氣、理智與果斷去決定奶奶的生死？面對摯愛的人，如何做出所謂「安心」的決定？心又到底該怎麼安？

面對失去一條腿之後的媽媽，我感受到的是一種對關係糾結的倦怠，同時也感受到鬆脫後的深層疲憊。我想，我現在可以很坦然地說：

「是啊，我是個沒有母親的小孩。」

我接受，並且在這樣的心境下努力練習跟自己和好，學著與這樣的自己相處。

而對於影響我至深的媽媽，我需要一個新的角色來定位她的存在。那個角色是什麼，我現在不清楚，但也不急著有答案。

就等答案哪天自己找上門吧！

因為三十年了，我好累，得先休息一下。

Pink提醒我的

「溫柔」，是不存在於我的感受和記憶裡的東西。
沒領受過的，要怎麼給？
但我想是可以的，只是需要更用力地練習。

我真是愛死粉紅色了！

好多事，都是國、高中時期的自己想像不到的。
那時候的我無法想像，對於自我存在的質疑會讓我喜歡上閱讀。而尋找自我和療癒自己的種種嘗試，竟然使得現在的我對年少的生命多了份在乎。那時候，我也無法想像自己會成為一名教育工作者。而寫一本關於自己生命經驗的書分享給你，也從來不是我想過會做的事。

在好多好多當初無法想像的事情裡，自然也包括過去那麼在意男子氣概，在撞球場叼著菸，唱盡所有廣high歌曲的我，現在居然喜歡「粉紅色」。

天啊，我真是愛死粉紅色了！

要是哪天太過厭世想出門嚇人，我可以輕易地從房間裡找到各式粉紅色行頭：pink的鞋子、襪子、褲子、內褲、襯衫、外套、浴巾和圍巾，pink的手機，pink的水壺，pink的鉛筆盒，pink的包包和pink的行李箱。有一陣子，我也滿喜歡搽pink的指甲油，而且一定會是混搭風，粉紅配桃紅。

但不要說全副武裝了，光是帶著一、兩樣pink的東西，就夠讓我在開學的頭一個月被剛認識的學生問盡各種問題，受盡他們嫌棄的目光。

「你好奇怪喔！」「你有病喔！」「你是娘娘腔喔！」……在這些好笑又嚴肅的反應裡，他們納悶的是：

「你……不是男生嗎？」

「男生為什麼不能喜歡粉紅色？」我反問他們。

Pink，提醒了我好重要的事情

「男生為什麼不能喜歡粉紅色？」大學時的我也曾經這樣問過自己。大學時期，開始漸漸喜歡pink，而想跳出性別的框框，當然也可能是想打破那樣的框框而刻意讓自己喜歡上pink。

但現在喜歡pink，除了這個顏色對我而言象徵「自由」之外，更因為它總是提醒著我好重要、好重要的事情。

當學生不交作業的時候，pink提醒我練習將我自己的與孩子們的課題分離，不要把自己該好好面對的氣憤、沮喪、自我質疑和不知所措，以教育之名發洩在學生身上。這樣，我才可能靜下來思考該怎麼讓學生願意寫作業。

當學生劍拔弩張的時候，pink提醒我盡可能細膩地處理，從接納他們的情緒開始，一步步透過適度同理和指正，慢慢走向關係的修復，最後或抱或親地和好。修復，才是真正的正義。

當學生質疑我的時候，pink提醒我，權力既然是我最厭惡的東西，我又為什麼要因為學生的質疑而感到不安，想要武裝。他質疑我，是因為我們一起創造了一個可以安全探索的學習環境，讓他可以透過質疑權威，練習獨立思考和表達自己。

當學生偷竊的時候，pink提醒我別急著糾正他的行為，而要試著去推敲行為背後的訊息：他真的缺錢嗎？還是，偷竊行為是這學生所發出的警訊，他正經歷著什麼我尚未發現的逆境？

當學生集體破壞公物的時候，pink提醒我不要氣急敗壞，為了旁人可能的質疑而使學生錯失難得的學習機會。集體大幹一票，這裡面一定有值得讚賞的什麼，也必然有該記取的教訓。我得先讓自己緩下來。

小牛與三個國國

然而，在屏東三地門教書的頭一年裡，幾次面對學生暴怒的時候，我的pink都差點失靈。班上有個叫小牛的學生。他很酷，是全國柔道冠軍。我好喜歡看小牛在柔道賽場上專注的狠勁，他每聲狂野的嘶吼都教我熱血沸騰。

可是當下了賽場，回到平常的日子裡，有隻小小噴火龍住在小牛的身體裡。剛認識小牛的時候，他常常會為了不同原因噴起火來，而嘶吼、摔東西、捶牆壁或打人。兩年之中，我和小牛一直在對抗那隻噴火龍，陪伴他練習當自己情緒的主人。

每當他噴火的時候，我心裡都會竄出三個國國：一個是幼年時期活在父母發病陰影下的我，一個是青少年時總要以暴制暴的我，一個是現在想用身教軟化小牛的我。

這當中讓我特別難應付的就是小牛的嘶吼聲，那種使盡全力嘶吼到胃抽痛的叫法，無可避免地讓我想起小時候有好幾次，我躲在奶奶的房間裡，隔著一扇門聽著母親在客廳鬼吼鬼叫。

聽小牛嘶吼，我想到自己在他這個年紀時，母親是如何在我面前發狂地逼迫我叫她媽媽，若我不聽她的話，她就回過頭揍我奶奶。

我想是因為太熟悉了，小牛的嘶吼聲總是引出年少時血氣方剛的我，他想要跳出來保護那個年幼的國國，想用更高分貝的怒吼壓制小牛的爆氣，強扯小牛的衣服讓威脅感散去，壓制他，直到小國國不再感到害怕。

但現在的我不會允許自己這樣。我自己的童年經驗告訴我：愈是衝突的時候，小牛愈需要溫柔的身教。他需要有人示範給他看，和他一起練習，讓他從相處中感受到溫柔的親吻，而不是喝斥他要好好控制脾氣的大人。我要讓自己成為小牛需要的養分。

就這樣，好幾次面對小牛心中噴火龍的挑戰，我都得先費盡心力安撫幼年和年少時的國國，把他們在我心中的角落安置好，才能平靜地給出我想給的「溫柔」的身教。

練習溫柔

有一次考數學，眼看考試時間快結束，班上其他同學都準備交卷了，小牛一時氣不過，竟突然暴怒起來。「為什麼我都寫那麼慢啦！」

一陣怒吼自責之間，爆氣的他把考卷撕毀了！

「小牛，深呼吸。」A同學說。

「小牛，你不要急。」B同學也幫忙滅火。

同學們用著我平日常對他們說的話安撫小牛，我卻刻意不朝小牛的方向看，因為我徹徹底底地被他突如其來的吼叫聲嚇到了。幼年國國又被嚇了出來，年少的我也在蠢蠢欲動，但是我對自己說：「不行，你不可以出來！」

我懂的方法並不多，就只是坐在位子上，對著窗外緩慢地深呼吸，同時在心裡安慰自己：「我可以害怕、可以憤怒，但我不要動怒，我不想這樣……」過了大約十幾秒的時間，當情緒漸緩，覺得有把握面對小牛後，我才慢慢走到他身邊。他還氣著。

「親愛的，我感覺到你在生氣，你當然可以生氣。我只是想跟你說，慢，就只是慢而已。慢從來就不是笨，不是白痴。如果你願意，我希望你記住，哪天有人因為你慢而嘲笑你、責備你，那是他的問題，不是你的。因為你慢得很專注，慢得很美。親愛的，你很美。」我一邊緩緩地對小牛說，一邊摸摸他的背，一滴淚珠不小心落在小牛的左臂上。

他靜了下來，下課鐘也剛好響了。

「還有啊親愛的，我們都知道這隻噴火龍不好對付，但我們都還沒放棄，不是嗎？我們都還在練習溫柔的路上，我們都愈來愈能當自己情緒的主人，我們只是需要更多的練習，讓我們變得更好。」

小牛把頭埋在我胸膛裡，邊哭邊點頭。而我這番話除了說給小牛聽，當然也是說給幼年和年少時的國國聽。

午休的時候，我請小牛拿膠帶和剪刀來找我。小牛的眉頭鎖得緊緊的。我手上捧著被他撕碎的考卷，請他把膠帶和剪刀給我，試著把碎爛的考卷黏回來。

我問：「小牛，你知道為什麼我想把考卷黏回來嗎？」

他搖搖頭。

「因為我覺得這張考卷很像我們的關係。有時候生氣的是你，有時候鬧脾氣的是我，然後我們關係就搞得很僵。但，我們都沒放棄，沒有放棄在生氣的時候提醒自己要深呼吸，也沒有放棄彼此的關係，所以最後我們都會和好，就像把撕爛的考卷黏起來一樣。」

講著講著，小牛和我一起把考卷黏了回來，雖然黏得皺巴巴的，但我覺得皺得很有溫度。

兩年下來，「溫柔」這門課，小牛和我一起努力著。

後來，如果其他班的學生來我們班串門子，聊著聊著開始講起：「國國好奇怪喔，怎麼喜歡粉紅色？」

我們班那幾隻居然會你一句我一句地替我辯護起來：「男生也可以喜歡粉紅色啊！」

辯護得最大聲的就是小牛。

我在心裡笑了，想著：「以前這不是我的台詞嗎？」

有一天，班上一個小男生的日記本寫完了，在五、六種不同顏色的新筆記本中，他挑了好久，最後選了粉紅色那本，我也在心裡笑了。我可以說，這也是一種「生命影響了生命」嗎？

我們都想要被溫柔地對待

我想，學生會慢慢接納pink、喜歡pink，或許是因為他們很清楚pink提醒了國國老師要當個溫柔的人。但我心裡清楚得很，對我來說，「溫柔」從來就不是容易的事，那是不存在於我的感受和記憶裡的東西。

有句西諺是這樣說的：「We can only teach what we were taught.」意思大概是我們只能教我們曾領受過的。那沒領受過的，要怎麼給？我想是可以的，只是需要更用力地練習。

我會繼續練習當個溫柔的人，因為——

我們都想要被溫柔地對待。

【後記】但願成為孩子的幸運

漂泊是心靈的試探

我的腦公「E神」陳奕迅有首歌的歌詞是這樣的：「漂泊是心靈的試探。」(註1)這句歌詞解釋了這本書的寫作歷程，以及這幾年我在工作上的摸索。

從TFT教師計畫的第二年開始，隨著幾份工作的轉換，這本書的內容，是斷斷續續地在汐止家中、屏東三地門山上、池上「小安比樂」、玉里「咕咕發芽」和長濱海邊完成的。寫後記的現在，家已經賣了，而我在埔里繼續從事教育工作。

在這兩、三年的時間裡，寫作是對過去生命的再探尋，工作轉換則是對未來定位的追尋。走過這段時間，有些事我好像也理得更清晰了。我很確定，我就是要當一名和所謂的弱勢家庭孩子一起成長的教育工作者。在生命影響生命的碰撞裡，去罵髒話（在心裡）、去流淚、去為了孩子和自己微小的進步雀躍。拍拍自己的肩膀，我期許自己永遠當個待在孩子身邊的人。

從弱勢家庭到安置機構

這幾年下來，我卻開始覺得，「期待孩子成長」已經不是我想陪伴所謂的弱勢家庭孩子的原因了。我的一點點體會是，就是因為期待孩子能夠成長，懸置這份期待才是我該努力的事。這樣我才能更沉穩地回應孩子的行為、認知和情緒，給出他們成長所需的耐心和空間。

我漸漸覺得能支持我在教育路上走長、走遠的原因，是因為我在自己的幸運裡體會到，不是每個人在成長路上都擁有足夠的資源去克服逆境。逆境，太多時候是社會結構性的不公平造成的。說起來有點肉麻，但當我面對所謂的弱勢家庭孩子時，我有的不是慈悲、不是憐憫，而更像是種贖罪的心態。

而在轉換幾份工作之後，我現在在南投的「陳綢兒少家園」擔任生活輔導老師。

我們家園是間民營的安置機構，而安置機構是在照顧經由法院或社會局認定必須暫時離開原生家庭生活的兒童或少男、少女，他們多半是曾經長期被嚴重虐待或忽視的孩子。

比起「偏鄉教育」漸漸受到重視，這些被安置的孩子的權益仍然乏人問津，甚至多數人根本不知道什麼是安置機構，不然就是對被安置的孩子抱有種種「可憐」或「不受教」的刻板印象。但就像我一位同事說的，「被安置的孩子只是換個地方成長而已」。

會選擇在安置機構工作，是因為我想陪伴和自己有相似背景的孩子；而會選擇陳綢兒少家園，是因為這裡在實踐「堅定而溫柔」的力量。

在絕對的支配和絕對的自由所開出的光譜之間，教育到底應該落在哪裡？

而身為教育工作者的我們，又該給出什麼樣的身教？

種種教育的大哉問、教育的難，每天每天都在我們家園裡，以最肉搏、最真實的方式上演。這，又是另一個故事了。

如果你對安置機構這個議題有興趣，可以翻翻《廢墟少年——被遺忘的高風險家庭孩子們》（衛城出版）這本書，或是上「公益交流站」（NPOstrw）的網站，裡面的「議題」分類有「安置機構困境解析」的深度報導。當然，也邀請你拜訪陳綢兒少家園的網站（註2）。

國國／在成為更好的自己的路上

二〇一九年六月四日

@埔里籃城書房

註1：「漂泊是心靈的試探」出自陳奕迅的歌〈早開的長途班〉，作詞喬靖夫。

註2：「陳綢兒少家園」網站：https://reurl.cc/ooelv。或者掃描網址QR Code，認識「陳綢兒少家園」：

「身為一位老師，要有一顆為父（母）之心。在面對犯罪、遭遇家暴、各種狀況的孩子時，唯一能做的是懷著父母的心情去同理包容他們。」

——「孩子的書屋」創辦人陳俊朗（陳爸）

陳爸是永遠永遠的榜樣。願我的每一步，都與陳爸的精神同行。

國家圖書館預行編目資料

走過愛的蠻荒：撕掉羞恥印記，與溫柔同行的偏鄉教師／文國士著. --初版. --臺北市：寶瓶文化, 2019.7, 面； 公分. --(Vision；181)
ISBN 978-986-406-162-4 (平裝)
1.自我實現

177.2　　108010263

Vision 181

走過愛的蠻荒——撕掉羞恥印記，與溫柔同行的偏鄉教師

作者／文國士
企劃編輯／丁慧瑋

發行人／張寶琴
社長兼總編輯／朱亞君
副總編輯／張純玲
資深編輯／丁慧瑋　編輯／林婕伃
美術主編／林慧雯
校對／丁慧瑋・陳佩伶・劉素芬・文國士
營銷部主任／林歆婕　業務專員／林裕翔　企劃專員／李祉萱
財務／莊玉萍
出版者／寶瓶文化事業股份有限公司
地址／台北市110信義區基隆路一段180號8樓
電話／(02)27494988　傳真／(02)27495072
郵政劃撥／19446403　寶瓶文化事業股份有限公司
印刷廠／世和印製企業有限公司
總經銷／大和書報圖書股份有限公司　電話／(02)89902588
地址／新北市新莊區五工五路2號　傳真／(02)22997900
E-mail／aquarius@udngroup.com

著作完成日期／二〇一九年五月
初版一刷日期／二〇一九年七月二十六日
初版八刷+日期／二〇二二年九月二十日

ISBN／978-986-406-162-4
定價／三二〇元

AQUARIUS 寶瓶 文化事業

愛書人卡

感謝您熱心的為我們填寫，
對您的意見，我們會認真的加以參考，
希望寶瓶文化推出的每一本書，都能得到您的肯定與永遠的支持。

系列：Vision 181　**書名：走過愛的蠻荒——撕掉羞恥印記，與溫柔同行的偏鄉教師**

1.姓名：＿＿＿＿＿＿＿＿　性別：□男　□女

2.生日：＿＿＿年＿＿＿月＿＿＿日

3.教育程度：□大學以上　□大學　□專科　□高中、高職　□高中職以下

4.職業：＿＿＿＿＿＿＿＿

5.聯絡地址：＿＿＿＿＿＿＿＿＿＿＿＿＿＿＿＿

聯絡電話：＿＿＿＿＿＿＿＿　手機：＿＿＿＿＿＿＿＿

6.E-mail信箱：＿＿＿＿＿＿＿＿＿＿＿＿

□同意　□不同意　免費獲得寶瓶文化叢書訊息

7.購買日期：＿＿＿年＿＿＿月＿＿＿日

8.您得知本書的管道：□報紙／雜誌　□電視／電台　□親友介紹　□逛書店　□網路
□傳單／海報　□廣告　□其他

9.您在哪裡買到本書：□書店，店名＿＿＿＿＿＿　□劃撥　□現場活動　□贈書
□網路購書，網站名稱：＿＿＿＿＿＿　□其他＿＿＿＿＿＿

10.對本書的建議：（請填代號　1.滿意　2.尚可　3.再改進，請提供意見）

內容：＿＿＿＿＿＿＿＿＿＿＿＿

封面：＿＿＿＿＿＿＿＿＿＿＿＿

編排：＿＿＿＿＿＿＿＿＿＿＿＿

其他：＿＿＿＿＿＿＿＿＿＿＿＿

綜合意見：＿＿＿＿＿＿＿＿＿＿＿＿＿＿＿＿＿＿＿＿

11.希望我們未來出版哪一類的書籍：＿＿＿＿＿＿＿＿＿＿＿＿＿＿

讓文字與書寫的聲音大鳴大放

寶瓶文化事業股份有限公司

（請沿此虛線剪下）

廣 告 回 函
北區郵政管理局登記
證北台字15345號
免貼郵票

寶瓶文化事業股份有限公司 收

110台北市信義區基隆路一段180號8樓

8F,180 KEELUNG RD.,SEC.1,

TAIPEI.(110)TAIWAN R.O.C.

（請沿虛線對折後寄回，或傳真至02-27495072。謝謝）